**세계 최고의 인재들은
어떤 루틴으로 일할까**

세계 최고의 인재들은
어떤 루틴으로 일할까

도쓰카 다카마사 지음 · 이정미 옮김

회사가 자신의 브랜드가 되지 않는 시대,
언제 어디서든 활약하며
인정받는 1% 인재들의 남다른 한 끗

더퀘스트

큰일을 잘하려면
작은 일부터 챙겨야 한다

늘 의문이었다. 우리 주변에서 흔히 볼 수 있는 비즈니스맨들이 국경 너머 해외로 갔을 때 어떤 평가를 받을까?

나는 일본에서 초, 중, 고등학교, 대학교를 졸업하고 골드만 삭스에 입사했다. 철저하게 '국내파'였고 그래서 내가 글로벌 기업에서 일하게 될 거라고 생각지 못했다. 때문에 골드만 삭스 입사가 결정된 순간, 매우 기뻐하면서도 당황했던 기억이 있다. 골드만 삭스에 입사해서는 인베스트 뱅커(Investment Banker, 투자은행가를 일컫는 말로 줄여서 뱅커라고 부른다. 미국과 영국에서는 뱅커라고 하면 통상적인 은행원이라기보다 투자은행가를 가리키는 경우가 많다.)로서 일본, 미국, 유럽, 아시아 기업의 M&A 자문 업무를 담당했다. 글로벌 스탠더드에 맞는 인재들과 일하다 보니, 내 커리어에 대한 욕심이 났고, 이후 유학을 떠나 하버드 비즈니스 스쿨에서 MBA(경영학 석사 학위, Master of Business Administration)를 취득했다. 그 뒤에는 맥킨지에서 경영 컨설턴트로서 다국적 기업의 경영 전략 컨설팅 업무를 했다.

2007년부터는 사업을 시작해 지금은 기업의 글로벌 인재 개발을 지원하는 일을 하고 있다. 국내의 비즈니스맨들이 글로벌 인재로 거듭날 수 있도록 돕는 일이다. 말하자면 '개개인의 글로벌화'를 지원하는 셈이다. 마인드부터 역량 개발, 영어 교육까지 다양한 프로그램을 운영 중이다. 주로 20~50대 직장인들이 수강하고 있다.

글로벌 인재 개발을 지원하는 사업을 하면서 비즈니스맨들을 많이 만나다 보니 하나의 결론에 이르렀다. '우리 주변의 비즈니스맨들의 능력은 세계적인 기준에서도 절대 떨어지지 않는다.' 오히려 우수한 편이다. 능력만 뛰어난 것이 아니라, 맡은 일을 끝까지 해내는 책임감과 성실함, 도움이 필요한 사람에게 기꺼이 손을 내미는 이타심과 협동심, 약속과 규율을 중시하는 윤리 의식까지 두루 갖췄다. 한마디로 거의 모든 것을 갖춘 인재다.

그런데 정작 우리는 우리의 능력이 어디까지나 국내에서만 통한다고 생각한다. 마음만 먹으면 전 세계에서도 활약할 수 있는 자질이 충분히 갖추었는데 말이다.

글로벌 인재가 된다 = 언제 어디서든 활약할 수 있다

우리 또는 그들의 능력이 너무 아까웠다. '좀 더 좋은 데서 일하고 싶다'거나 '회사에 공헌하고 싶다', 혹은 '더 성장하고 싶다'고 자신의 일과 커리어에 대해 진지하게 생각하는 비즈니스맨이 정말 많았다. 그들에게 글로벌 기업으로 무대를 넓혀보면 좋겠다고 수차례 권하기도 했다.

하지만 '글로벌'이나 '세계 무대'라는 말만 나오면 사람들은 한순간에 자신감을 잃었다. 특히 외국 기업과 함께 일을 하다가 크고 작은 실패를 경험한 사람들은 '해외 경험이 적다 보니 아무래도 글로벌한 업무로는 성공하기 힘들겠다'라고 생각했다. 또 영어로 진행하는 회의에서 말을 잘하지 못하면 '세계를 무대로 일하는 게 꿈이었는데 역시 난 아닌가 봐' 하고 부정적으로 생각했다. 나 역시 직접 글로벌 기업에서 일하기 전까지는 그리 생각하고 있었으니 이해하지 못할 것도 아니었다.

국내 비즈니스맨들이 '글로벌'이라는 단어 앞에서는 움츠러드는 모습을 보고 있자니 그들이 가진 능력이 너무나 안타깝게 느껴졌다.

게다가 팬데믹으로 비대면 업무 환경이 보편화되고, 글로벌 인재 등용과 글로벌 기업과의 협업이 점차 확대되고 있다. 이 움직임은 앞으로 더 심화될 전망이다. 회사가 더 이상 우리 자신을 나타내는 '브랜드'가 되지 못하는 시대, 우리가 우리의 입지와 커리어를 보다 탄탄하게 만들기 위해서는 업무 방식의 글로벌 스탠더드에 대한 인식과 적용이 필수다. 그래서 나는 그들이 세계 무대에서, 아니 언제 어디서든 활약하는 인재가 되기 위해 무엇이 필요한지 고민하기 시작했다.

한 끗 차이가 있을 뿐이었다!

언제 어디서든 활약하는 인재가 되기 위해서는 학사 이상의 학위가 필요하거나 유학 경험이 있어야 할까? 그렇지 않다. 이처럼 자신 있게 주장하는 데는 나름의 근거가 있다. 골드만 삭스나 맥킨지에서 만났던 상사나 선배 중에는 해외 경험이 전혀 없는 경우도 많았기 때문이다. 내가 컨설팅하면서 만나온 수천의 인재들도 그랬다. 부모님이 이민 생활을 한 적도 없고 어릴 때 유학을 다녀온 경험도 없었다. 대다수의 비즈니스맨이 그렇듯 대학을 졸업하고 취직한, 해외 경험 전혀 없이도 외국 동료들이나 거래처로부터 인정을 받고, 자신의 능력을 마음껏 펼쳤다.

종횡무진 활약하는 그들은 무엇이 다를까? 언뜻 보면 그들과 우리의 업무 방식에는 큰 차이가 없다. 하지만 자세히 들여다보면 아주 작은 차이가 존재한다. 마음가짐이나 태도, 행동 방식이 우리와 미묘하게 달랐다. 이 작은 차이가 전혀 다른 결과를 만들어 낸 것이다.

말하자면 '1퍼센트의 차이'다. 99퍼센트의 사람은 의식하지 않고, 실천하지 않는 아주 사소한 것들, 구체적으로 설명하면 목표 설정의 차이, 몸에 배어 있는 습관과 마음가짐의 차이다. 그들의 이런 차이는 '루틴'처럼 일상에 스며들어 있었다. 이러한 1퍼센트의 차이를 인지하느냐 못 하느냐에 따라 같은 방식으로 일해도 결과는 확연히 달라진다. 어느 자리에 있든 인정받고 활약하는 사람과 자신의 능력을 발휘하지 못하는 사람 사이에는 겨우 '1퍼센트의 차이'만이 존재할 뿐이다.

이러한 작은 차이를 일의 루틴으로 만드는 방법은 생각보다 어렵지 않다. 정말로 사소한 생각과 관점의 변화, 행동의 변화로 달라질 수 있는 것들이 많기 때문이다.

이제 우리는 우리 스스로의 이름을 브랜드로 만들어야 하는 시대를 살고 있다. 자신만의 일 잘하는 루틴을 가지고 있지 않다면 세월이 흘러도 같은 자리에 계속 머무를 수밖에 없을지도 모른다.

그리하여 일의 의미와 방식이 새롭게 달라지고 있는 이 시대에 자신만의 무기를 만들어내려는 많은 사람들에게 도움이 되었으면 좋겠다는 생각으로 이 책을 쓰기 시작했다.

1퍼센트의 차이를 알면 인생의 선택지가 넓어진다

이 책을 통해 그동안 높은 벽처럼 느껴졌던 더 넓은 세계를 향한 꿈을 다시 한 번 펼쳐 보았으면 좋겠다. 세계 여러 나라 사람들과 어깨를 나란히 하고 일하는 것은 생각처럼 특별한 일이 아니다. 1퍼센트의 차이를 인지하고 이를 좁히기 위해 행동하면 누구라도 가능하다. 넓고 다양한 무대로 커리어를 쌓는다면 인생의 선택지는 무궁무진하게 넓어진다. 능력을 발휘할 수 있는 영역이 넓어지면 지금까지는 상상도 못했던 세상이 펼쳐질지도 모른다. 지금보다 자신감도 넘치고 내 일을 더 즐길 수 있을 것이다.

지금부터 회의에 임하는 방법, 자기주장을 표현하는 방식, 일과 팀에 대한 사고방식, 나라는 사람을 표현하는 방법, 원만한 인간관계를 위한 태도, 영어 습득 비결, 커리어와 자기실현을 위한 도전 등에 대해 항목별로 '1퍼센트의 차이'를 소개할 생각이다. 아주 사소하지만 강력한 습관, 루틴들이다. 나아가 1퍼센트의 차이를 좁히기 위해 구체적으로 어떻게 하면 좋을지에 대해서도 상세히 설명할 예정이다. 각 장마다 해결법을 최대한 구체적으로 소개하려고 노력했다.

서양인들에 비해 동양인들은 자신의 능력을 겸손하게 표현하는 경향이 있다. 그런 성향을 감안하면 우리의 능력은 우리의 생각보다 더 출중할 것이다. 그리하여 우리가 주목해야 할 것은 이런 능력을 개발하고 성장시키는, 우리의 길을 더 탄탄하게 만들어가는 '한 끗'이다. 사소한 한 끗의 차이를 깨달아 우리의 활동 무대를 넓혀 보자. 더 넓은 무대에서 당신의 능력을 마음껏 펼칠 수 있다면 분명 당신의 일을 더 사랑하게 될 것이다.

차례

chapter 1

자기 의견 없는 회의 참석은 직무유기
회의와 업무에 관한 그들의 루틴

우리는 '성과'를 위해 '함께' 일한다!
일한다는 것에 관한 그들의 생각

함께 일하고 싶은 동료가 되는 법
원만한 사내관계를 위한 그들의 태도

chapter 4

영어 공부는 영어가 모국어가 아닌 사람들과 한다
진짜 업무에 써먹기 위한 영어 공부법

내 길은 내가 만든다
커리어 확장과 자아실현을 위한 작지만 강력한 행동들

The 38 Routines of

The World's Leading

Entrepreneurs

자기 의견 없는
회의 참석은 직무유기

회의와 업무에 관한 그들의 루틴

01 회의에 참석할 때는 자신의 입장을 분명히 밝힌다

우리는 회의 시간에 입을 꾹 다물고 있는 사람을 나쁘게 평가하지는 않는다. 반면 글로벌 환경에서는 회의의 종류와 상관없이 말을 하지 않으면 의견이 없는 사람으로 간주한다. 그뿐만이 아니다. 자신만의 의견이 없는 사람은 그 자리에 있을 필요도 없다고 여긴다. 회의에서 발언하지 않는 사람은 고유의 색깔이 없는, 한마디로 존재감 없는 인물로 평가하기 때문이다.

우리는 서로 의견을 주고받는 '논의'에도 익숙하지 않다. 적극적으로 발언하는 경우에도 지식이나 정보 공유에 중점을 두는 경우가 많다. 자신의 생각이나 결론은 분명하게 밝히지 않는 것이다. 한 발짝 뒤로 물러나 어디까지나 제삼자의 입장을 취하려고 한다. 찬성인지 반대인지 또는 자신의 생각이 무엇인지를 명확하게 밝히는 데 익숙하지 않을뿐더러 자신의 주장을 내세웠다가 자칫 평화로운 분위기가 깨질까 봐 두려워한다.

골드만 삭스에서 기업의 M&A 자문 위원으로 일했을 때, 일본 대기업의 경영 핵심 업무 담당자와 일할 기회가 많았다. 그들은 정보를 정리하고 분석해서 직접 작성한 자료를 들고 회의에 참석했는데 모두 머리가 좋고 능력이 뛰어났다.

작성된 보고서도 항상 포인트를 정확하게 짚어 나무랄 데가 없었다. 가령 어떤 논제와 관련해 A안과 B안이 거론되고 있다면, 각각을 설명하는 자료와 함께 A안의 장단점과 B안의 장단점을 비교한 표가 한눈에 보기 좋게 정리되어 있었다.

하지만 딱 한 가지 이상한 점이 있었다. 보고서 어디에도 작성자 자신의 의견이 명확하게 기재되어 있지 않았다. 쉽게 말해 자신은 어느 쪽을 찬성하는지가 빠져 있었다. 결론을 내리는 쪽은 경영자나 상사라고 생각하는 모양이었다.

자료를 만든 이에게 "근데 본인은 어떻게 생각하시나요?" 하고 물으면 당황할 때가 많았다. 이는 그 사람의 능력이 모자라서가 아니라 우리가 자신의 입장을 정확하게 밝히는 데 익숙하지 않기 때문이다. 어떻게 보면 아주 사소한 의식의 차이가 만들어 낸 결과라고 할 수 있다.

지금 내가 운영하고 있는 비즈니스맨을 위한 영어 학습 프로그램에서도 자신의 입장을 명확하게 밝히지 않으려는 문화가 여지없이 드러난다. 수업 중에는 자신의 의견을 분명히 드러내는 연습을 하기 위해 의견과 근거를 담아 글을 써 보는 영작문 시간이 있다.

그런데 수강생들의 영작문을 자주 대하다 보니 한 가지 습관을 발견할 수 있었다. 수강생들이 자신의 주장을 펼칠 때면 무의식적으로 불필요한 문구를 첨가하는 것이었다.

예를 들면 결론을 내리는 문장 앞뒤에 '논란의 여지는 있지만 만일 내가 한다면 ~할 가능성이 높을 것 같다'라든지 '많은 사람이 반론할지도 모르지만 ~가 좋다는 생각이 든다'처럼 자신의 논지를 흐릿하게 만드는 표현이다. 이와 같은 문구를 사용하면 작성자가 어느 쪽을 지지하는지 불명확해지고 작성자의 주장이 정확하게 전달되지 않는다.

수강생들이 자신의 주장을 모호하게 만드는 문구를 사용하는 이유는 입장을 뚜렷하게 밝히는 데 익숙하지 않아서이기도 하지만, 무의식중에 나와 반대 의견을 지닌 사람들과의 대립을 피하려는 방어본능 때문이다. 물론 단순히 본인의 의견을 피력하는 데 자신 없는 경우도 있다.

수강생들의 영작문을 이해하기란 쉽지가 않다. 모국어로도 알아듣기 어려운 말을 외국어로 썼으니 말이다. 영어 실력이 부족해서가 아니다. 애초에 주장하는 내용 자체가 모호해 의도가 제대로 전달되지 않다 보니 온전한 커뮤니케이션이 성립되지 않는 것이다.

TV 뉴스를 보며 스스로 묻고 또 대답해 보자

골드만 삭스에서는 회의에 참가하면 "이 일을 해야 하는가 말아야 하는가, 그것은 좋은가 나쁜가."와 같은 질문을 참석자에게 던진다. 이때 참석자는 각자의 의견이 옳든 그르든 일단 자신의 의견을 뚜렷하게 밝혀야 한다.

만일 **자신의 의견을 명확하게 밝히지 않고 빙빙 돌려 말하기**

시작하면 "그래서 결론이 뭐지?", "네 주장의 근거는 뭔데?" 하며 핵심을 찌르는 질문을 한다. 각자의 의견을 정확하게 말하면 자연스럽게 논의가 활발해진다. 물론 그 안에서는 찬반 의견이 나오기 마련이다.

골드만 삭스의 회의에서는 모두가 상대방의 발언을 즐기면서 자신과 다른 의견이 나와도 끝까지 경청한다. 상대방의 이야기를 끝까지 듣는 이유는 주장이 아니라 주장을 뒷받침하는 근거에 주목하기 때문이다. 상대방이 내세우는 주장의 근거가 무엇인지를 듣고 납득이 가능하다면 찬성하고 납득하기 어렵다면 반론을 내면 된다.

따라서 자신의 주장에 대한 반론이 나온다 해도 동요하지 않는다. 오히려 자신의 의견을 확실하게 밝힘으로써 이에 대한 다양한 의견이 나올 수 있도록 유도한다. 회의 시간에 자신의 의견에 반하는 주장이 나오면 순식간에 분위기가 험악해지는 우리의 모습과는 사뭇 다르다.

하버드 비즈니스 스쿨에서도 마찬가지였다. 하버드 비즈니스 스쿨의 수업은 학생들이 자리에 앉아 수동적으로 교수의 강의를 듣는 방식이 아니었다. 학생들끼리 주고받는 대화를 통해 배움을 얻도록 설계되어 있었다. 따라서 상대방의 이야기를 끝까지 경청한 다음 논의하는 문화가 자리 잡혀 있었다.

수업에서든 회의에서든 우리의 목표는 발언 자체가 아니다. 모두가 자신의 의견을 적극적으로 말하고 다 함께 여러 가지 생각을 교환하면서 최대한 많이 깨닫고 배우는 것이다.

그 과정에서 몇몇 사람들끼리만 논의해서는 한계가 있다. 전원이 참여해서 의견을 주고받아야 더 깊이 배우고 깨달을 수 있기 때문이다. 그것이 우리가 발언하는 이유이며 발언을 통해 얻으려는 목표다.

자신의 의견을 명확하게 밝히기 위해서는 어떻게 해야 할까. 먼저 TV 뉴스를 보면서 스스로 묻고 답하는 연습을 해보자. 뉴스에 나오는 앵커나 해설자가 하는 이야기를 듣고 그저 재밌다, 재미없다 등의 감상만 늘어놓지 말고 나라면 저 상황에서 어떻게 대답할지를 생각해 보는 것이다. 이는 어떤 일에서건 자신만의 의견을 명확하게 밝힐 수 있는 훈련이 된다.

또한 소소한 협의나 일상적인 회의도 그냥 넘기지 말고 자신만의 주장을 내세우는 습관을 들여 보자. 분명 효과가 있을 것이다.

발언할 기회가 주어지지 않더라도 자신의 의견과 이를 뒷받침하는 근거를 마음속에 정리해 두자. 의견과 근거를 정리하는 일을 꾸준히 반복하면 자신의 의견을 명확하게 밝히는 습관이 자연스레 붙게 된다.

02 발언할 때,
근거는 필수

"먼저 결론부터 말해 주세요."

　누구나 한 번쯤 신입 사원 시절에 상사나 선배로부터 이런 말을 들어 봤을 것이다. 결론부터 말하는 것은 비즈니스맨들이 꼭 배워야 할 기본 중의 하나이기 때문이다. 여기에 한 가지 항목을 더 추가해서 알아 두자. 결론과 함께 반드시 '근거'를 말해야 한다는 것이다. 영어로 하면 'Because'가, 우리말로 하면 '왜냐하면'이 결론 뒤에 반드시 따라와야 한다.

사내 커뮤니케이션의 절반이 설득

지금은 달라지긴 했지만 아직도 인종과 배경이 비슷한 사람끼리 모이는 경우가 많다. 비슷한 사람끼리 모이다 보니 애초에 의견이나 결론이 다르지 않았고, 사고방식도 비슷해 일일이 근거를 따져 묻는 일도 많지 않다. 또 의견이 갈리는 경우에도 논의를 통해 합의에 이르기보다는 간단하게 다수결로 결정을 내린다. 그러다 보니 근거를 붙여서 자신의 의견을 피력하기보다는 적당히 분위기를 살펴서 많은 사람이 찬성할 것 같은 의견을 지지하기에 급급하다.

반면 골드만 삭스, 맥킨지, 하버드 비즈니스 스쿨에서는 반드시 결론과 근거를 하나로 묶어 말해야 한다. 인종도 다르고 살아온 방식도 다른 사람들이 함께 일하는 글로벌 환경에서는 사람에 따라 의견(혹은 입장이나 결론)도 달라지기 마련이다. 사람마다 가치관, 사고방식, 입장 등이 다르기 때문이다. 의견이 다르리라 이미 예상하기 때문에 발언할 때 결론보다는 결론에 이르게 된 근거를 더 중요시하는 것이다.

결론과 근거 사이에 화살표 넣기

결론과 근거는 '근거→결론'과 같이 화살표를 사이에 둔 관계로 표현할 수 있다. 결론과 근거가 서로 자연스럽게 화살표로 이어져야만 논리에 맞다. 흔히 접하는 논리적 사고에 관한 책을 보면 'MECE'와 같은 난해한 설명이 나온다. 'Mutually Exclusive and Collectively Exhaustive'의 약자인 MECE는 쉽게 말하면 어떤 사항을 중복이나 누락 없이 분해하여 사고하는 과정을 뜻한다. 논리적으로 사고하기 위해서 알아 두면 편리한 이론이다.

하지만 일상적인 비즈니스 세계에서 이렇게 복잡한 이론까지 알 필요는 없다. **논리적으로 사고하려면 결론과 근거의 관계를 명확하게 밝혀야 한다는 것**만 기억하면 된다.

결론과 근거 사이에 화살표가 성립한다면 결론을 지지하는 근거가 합당하다는 의미다. 만약 근거가 없다면 결론이 지닌 힘은 약해지고, 결론이 없다면 근거를 찾을 이유도 없어진다.

결론과 근거 양쪽 모두가 있어야만 메시지가 지닌 힘은 강력해지고 설득력을 얻는다. 둘 사이에 존재하는 화살표가 '서로가 서로에게 없어서는 안 될 존재'임을 확인시켜 주는 셈이다.

업무 능력이 뛰어난 사람, 특히 각 분야에서 최고의 자리에 오른 사람들은 사고할 때 머릿속에 화살표를 그리며 생각을 펼쳐 나간다.

골드만 삭스에서 일할 때 세계적인 기업가의 매수 프로젝트에 1년 반 동안 참여할 기회가 있었다. 그 기업가의 질문은 늘 단순해서 인상적이었다. 그는 결론을 도출하기 위해서 지극히 간단한 질문을 반복해서 던지고 머릿속에 화살표를 그려 가며 문제를 하나씩 해결했다.

세계적인 기업가의 사고 과정을 눈앞에서 지켜보면서 나는 큰 충격을 받았다. 그는 화살표를 사용한 단순한 질문과 결론 도출을 통해 수천억 달러 규모의 거대한 경영 판단을 실행해 나갔던 것이다. 이를 지켜보며 비즈니스에서 중대한 결정을 내려야 할 때도 결국 화살표로 연결되는 단순한 논리 구조가 매우 중요하다는 사실을 깨닫게 되었다.

우리의 경우에는 "그 생각의 근거는 뭐죠?"라는 질문을 받는 일이 드물다. 그럼에도 불구하고 업무상 의견을 낼 기회가 생긴다면 반드시 결론과 근거를 하나로 묶어서 말하는 습관을 들여 보자.

그리고 결론과 근거를 화살표로 연결했을 때 부자연스럽지는 않은지 확인해 보자. 결론만 말하지 말고 항상 화살표를 첨가해서 근거까지 덧붙이는 커뮤니케이션 과정을 반복하면 논리적 사고력도 길러지고 발언의 설득력도 높아질 것이다.

03

상대와 의견이
다를 때는 근거에
주목한다

회의하는 동안 가능한 많은 의견이 오가야 최선의 결론이 도출된다. 이를 위해서는 무엇보다 논의가 활발하게 이루어져야 한다. 논의가 활발해지려면 어떻게 해야 할까? 가장 중요한 포인트는 상대의 의견을 정면으로 부정하지 말아야 한다는 것이다. 이는 우리 문화와도 잘 맞는다. 우리는 화합을 중요시하기 때문에 상대의 의견을 대놓고 부정하기를 좋아하지 않는다. 의외라고 여길지 모르겠지만 하버드 비즈니스 스쿨에서도 마찬가지다.

논의를 좋아하는 학생들이 모인 하버드 비즈니스 스쿨에서도 상대의 의견을 정면에서 부정하는 경우는 극히 드물다.

하지만 우리의 회의와 하버드 비즈니스 스쿨의 회의에는 큰 차이가 있다. 그 차이는 바로 하버드 비즈니스 스쿨에서는 상대방이 내놓은 의견에 동의하지 않는 부분이 있다면 이를 명확하게 전달한다는 것이다. 동의하지 않는 부분을 확실하게 전달하면 분위기가 가라앉기는커녕 오히려 논의가 활기를 띤다.

단, 반론을 펼칠 때는 상대를 배려하기 위해 영어의 '완충 표현'을 꼭 사용한다. 완충 표현을 사용하면 상대의 의견을 대놓고 부정하지 않으면서도 동의하지 않는 부분을 분명하게 전달할 수 있다.

하버드 비즈니스 스쿨의 학생들은 매우 능숙하게 영어의 완충 표현을 사용했다. 예를 들면 상대의 의견에 부분적으로는 동의하지만 여기에 자신의 의견을 덧붙이고 싶을 때는 'That's an interesting point, but I also have an idea about that …(정말 흥미로운 관점이네요. 그런데 저도 한 가지 아이디어가 있는데요…).'과 같은 표현을 사용한다.

부드럽게 반대 입장을 취하면서 자신의 의견을 내세울 때 쓰는 표현도 있다. 'Let me see… I'm not sure if I agree with what you said(음, 잠시 생각 좀 해볼게요. 전 완전히 동의하기는 좀 어렵네요).”처럼 말이다. 발언자의 입장을 배려하면서 잠시 고민하는 모습을 보여 준 뒤 반대 의견을 제시하는 화법이다.

논의에 익숙한 하버드 비즈니스 스쿨의 학생들은 “저는 당신의 의견에 반대합니다!”처럼 직설적인 말투는 쓰지 않는다. 먼저 상대방의 발언을 겸허한 자세로 경청한 뒤 상대를 배려하면서 자신의 의견을 정확하게 전달한다.

사실 하버드 비즈니스 스쿨에서는 발언하기를 좋아하는 학생들끼리 말다툼이라도 하듯 서로를 부정하며 격앙된 상태로 토의할 거라 생각했는데 차분한 분위기에 많이 놀랐다.

앞에서도 언급했지만 글로벌 환경에서는 사람들의 가치관, 사고방식, 입장 등이 다르기 때문에 각자의 생각이 다르리라는 점을 미리 가정해 두어야 한다. 서로 다른 생각을 가지고 있으므로 논의할 때는 상대방의 발언을 충분히 듣고 이해해야 한다. 무엇보다 다양한 가치관을 존중하면서 자신의 의견을 말하려는 자세가 중요하다.

어떻게 반론해야 논의가 활성화될까?

상대와 의견이 다를 때는 '근거'에 주목해야 한다. 결론이 아니라 근거에 집중하면 논의가 건설적으로 진행된다. 근거에 관심을 두면 상대의 의견을 정면으로 부정할 필요도 없어진다.

회의를 통해 색깔을 정해야 한다고 하자. 서로 파란색이 좋다거나 빨간색이 좋다는 식의 결론만 내세워서는 쉽게 결정이 나지 않는다. 단순히 좋다, 싫다의 문제가 되어 버려서 회의에 진전이 없고 논의는 같은 자리만 맴돌게 된다.

하지만 근거를 강조하는 화법으로 바꾸면 논의의 내용이 건설적으로 변한다. 반대 의견이 오히려 논의를 활발하게 만드는 역할을 해준다.

"산뜻한 느낌을 중시한다면 파란색으로 가야 합니다."

"산뜻함도 좋지만 지금 중요한 부분은 열정을 표현하는 거 아닐까요? 그렇다면 빨간색이 맞을 것 같아요."

"그럼 산뜻함과 열정 중에 어느 쪽을 우선해야 할까요? 그 부분을 정하면 색깔도 자연스럽게 결정되겠네요."

서로 의견이 다를지라도 '산뜻함과 열정 중 어느 것을 더 우선해야 하는가'처럼 **논의를 '근거 vs 근거'의 형태로 끌고 가면 발언자의 감정을 건드리지 않을 수 있다.** 상대의 발언 중 근거에 주목해서 논의를 진행해 나가면 의견 교환이 활발해지고 참여자들의 사고력도 깊어진다.

회의할 때 상사나 동료의 의견에 반대하는 입장에 서게 되면 적극적으로 자신의 주장을 내세워 보자. 다만 상대방의 발언 중 결론이 아니라 근거에 주목하자. 상대방이 말하는 주장과 근거를 이해한 다음, 자신의 의견을 말할 때도 결론과 근거를 함께 묶어 전달하자.

근거를 강조하면 참여자 간의 대립을 막을 수 있으며 건설적으로 자신의 주장을 피력할 수 있다. 또 발언의 설득력도 높아진다. 결국 서로 간의 이해가 깊어지면서 모두가 납득할 만한 결론이 도출된다.

04

존재감을
발휘할 수 있는
말버릇

국가나 국민성의 차이를 소재로 하는 농담인 '에스닉 조크^{Ehtnic} Joke' 중에 현실을 참 잘 반영했다고 생각하는 말이 있다. 바로 '인도인의 입을 다물게 하는 것과 일본인의 입을 열게 하는 것은 둘 다 똑같이 어렵다'라는 농담이다.

글로벌 환경에서는 다양한 국적의 사람들이 회의에 참석한다. 다양한 사람이 회의에 참가하면 회의의 주도권은 누가 쥐게 될까?

회의의 진행은 퍼실리테이터^{Facilitator}라고 불리는 조력자가 맡지만, 발언량으로 보자면 압도적인 존재감을 드러내는 이들은 대개 인도 출신의 동료나 클래스메이트이다.

인도인들은 발언권이 주어지면 가능한 많이 말하고 자신의 순서가 아니더라도 잠시 틈이 생기면 잽싸게 끼어들어 이야기를 시작한다. 보통 미국인이나 중국인도 자기주장이 강하고 발언량이 많다고들 하는데 인도인은 이를 훨씬 뛰어넘는다. 발언량으로만 따지자면 누구에게도 지지 않는다.

회의에서 열심히 발언하는 인도인을 보고 처음에는 나도 지지 말아야겠다며 말을 많이 하려고 노력했다. 하지만 아무리 애써도 그들을 이기기는 어려웠다.

일본인은 원래부터 자기주장이 강한 편이 아니다. 게다가 영어도 모국어처럼 능숙하지 않다. 반면 인도인은 고집이 세고 어렸을 때부터 영어를 사용해서 모국어처럼 말하는 사람들이 많다. 출발선이 다른 만큼 발언량으로 경쟁하는 것은 현명하지 않다.

국제회의에서 존재감을 발휘하려면 어떻게 해야 할까? 발언량으로는 다른 사람들을 이기기 어렵다. 자신의 강점을 활용해서 존재감을 드러내야 한다. 무리해서 다른 나라 사람들과 같은 위치에 오르려 하지 말고 나만의 방법으로 승부를 던져 보자.

우리의 강점 중 하나는 수에 강하다는 점이다. 숫자라는 말에 나는 수학을 못한다며 어렵게 생각할 필요는 없다. 여기서 말하는 수란 자릿수 적은 숫자의 사칙연산을 뜻한다. 우리는 학교에서 사칙연산을 중시해서 어릴 때부터 계산 연습을 많이 하고 자랐다. 아무리 나는 수에 약하다고 생각해도 세계적인 기준에서 보면 평균적으로 계산이 빠르고 숫자에 강한 편이다.

회의 중에 수를 기반으로 한 사실관계를 따질 때면 주저하지 말고 적극적으로 발언하자. 평소에 숫자를 영어로 말하는 연습을 해 두면 더 좋다.

논리적 허점을 찌를 수 있는 질문

회의에서 존재감을 발휘할 수 있는 방법이 하나 더 있다. 바로 'What if'(만약 ~라면 어떻게 될까)를 활용하는 방법이다. 예를 들어 영어가 모국어인 동료가 영어로 빠르게 말하면, 그의 말을 끝까지 들은 다음 'What if'라고 질문하면서 전제에 관한 의문점이나 논리가 약한 부분을 지적하는 것이다.

'What if'를 사용하면 논의의 전제조건이 달라졌을 때 이에 따라 결론이 어떻게 바뀌는지 보여 줄 수 있다. 이를 효과적으로 사용하면 새로운 관점이나 의견을 창출하는 데 큰 도움이 된다.

열정적으로 회의를 하다 보면 전제조건은 뒤로한 채 이야기가 엉뚱한 방향으로 흘러가는 경우가 있다. 이때 유용한 질문이 'What if'다. 'What if'는 논의를 정리해 주면서 회의장을 바짝 긴장하게 만든다. 결론에 거의 다다른 최종 단계라면 'What if'라는 질문을 던짐으로써 우리가 내린 결론이 옳은지를 중복 체크할 수도 있다.

'What if'는 영어 문장 하나하나를 세세하게 다 알아듣지 못해도 활용이 가능하다. 전반적인 토의 내용을 위에서 조망하듯 살피면서 발언 내용의 전제조건이나 논리적 구성을 대강만 파악하면 되기 때문이다.

우리의 또 다른 강점은 사안을 객관적으로 관찰하는 능력이 뛰어나다는 것이다. 논의에 지나치게 몰두하지 말고 한발 떨어져 냉정한 눈으로 이야기의 흐름을 파악하면 논리적 허점을 쉽게 찾을 수 있다. 이를 잘 활용하면 발언량이 적어도 회의장에서 존재감을 발휘할 수 있다.

하버드 비즈니스 스쿨의 수업에서도 'What if' 질문이 큰 도움이 되었다. 강의실은 전 세계에서 모인 다양한 국적의 학생들이 있었다. 그중 말수가 많았던 사람은 주로 미국인, 인도인, 이집트인, 중국인이었고 반대로 말수가 적었던 사람은 일본인, 스위스인, 한국인, 칠레인, 불가리아인이었다.

하버드 비즈니스 스쿨에서는 매번 열띤 토의가 이루어진다. 토론 현장에서 높이 평가받는 발언은 새로운 관점을 제시하는 한마디다. 이때 유용했던 질문이 바로 'What if'이다. 논의 내용의 인과관계에 주목하고 전제조건에 근본적인 의문을 던지는 'What if'는 참가자들의 맹점을 정확하게 찾아낸다.

'What if' 질문은 국내에서 회의할 때도 유용하다. 회의에 참석할 때 'What if'를 쓸 기회가 있는지 살펴보자. 'What if'를 효과적으로 사용하면 논의가 한층 더 깊어진다.

회의에서 단순히 목소리가 큰 사람의 의견이 선택될 분위기라면 'What if'를 사용하여 새로운 관점을 던져 보자. 당신의 존재 가치가 드러날 것이다. 이처럼 올바른 논리를 기반으로 논의를 정리하고 완성도를 높이는 인재는 글로벌 환경에서 꼭 필요한 존재가 된다는 것을 잊지 마라.

05 '생각'하지 않고 '확신'한다

골드만 삭스에서 한 프로젝트에 참여할 때의 일이다. 그날 나는 아침부터 마음이 붕 떠 있었다. 존경하는 상사가 내 보고서에 대한 조언을 해주기로 했기 때문이었다. 나는 상사에게 이런저런 조언을 들을 수 있겠다는 기대에 부풀어 있었다.

그런데 예상과 달리 상사는 보고서 내용에 관해서는 거의 지적하지 않았다. 그 대신 보고서 속 문장을 꼼꼼하게 고쳐 주었다. 상사는 보고서를 훑으면서 이렇게 말했다.

"이 문장은 좀 약한데."

"다른 사람을 설득하려면 이렇게 써야 해. 좀 더 딱 잘라서 말하는 게 좋겠어."

그리고 문장 끝에 쓴 '~라고 생각합니다'라는 표현을 전부 '~라고 확신합니다'로 바꿔 주었다. 보고서를 골똘히 보던 선배는 이렇게 말했다.

"분석 내용은 모두 좋아. 전달하려는 내용이 탄탄하니까 좀 더 자신감 있게 표현해도 돼."

그 상사는 발표할 때 모국어든 영어든 논리적이면서도 자신감 넘치게 말했다. 주변 사람들이 모두 압도될 정도였다.

당시에 나는 '생각합니다'와 '확신합니다'의 차이를 잘 이해하지 못했다. 하지만 상사의 조언을 계기로 발언자의 말하는 방식이 회의 결과에 큰 영향을 미친다는 사실을 깨달았다.

비즈니스맨이라면 '생각'하지 말고 '확신'하자

'저는 ~라고 확신합니다'라는 표현을 쓰면 왜 설득력이 높아질까? 이는 무의식적으로 확신한다는 표현 뒤에는 '왜냐하면'으로 시작하는 '근거'를 덧붙이기 때문이다. 근거가 명확하게 들어가면 '확신합니다'라는 표현은 강한 설득력을 얻는다.

영어로 설명하면 '생각합니다'와 '확신합니다'의 차이가 더욱 분명하게 와 닿을 것이다. '생각합니다'에 해당하는 'I think'는 주장의 근거가 없거나 불분명할 때 사용되는 표현이다.

반면 '확신합니다'에 해당하는 'I believe'는 이어지는 문장에 결론과 근거가 등장해야 자연스러워지는 표현이다. **'I believe' 로 시작하면 처음부터 결론을 잘라 말하게 되므로 근거를 찾아 야 한다는 압박감을 느끼게 된다.** '확신합니다 I believe'라는 표현 은 보고, 연락, 상담 등의 업무도 유용하다.

"저는 이럴 거라고 확신하는데요. 왜냐하면 ~이기 때문입니 다. 그럼 이렇게 진행해도 될까요?"

조금만 주의를 기울여서 '생각합니다'를 '확신합니다'라는 표 현으로 바꿔 쓰면 그전보다 일이 훨씬 잘 풀릴 것이다. 주장과 이에 따른 근거가 상사에게 명확하게 전달되어 결정을 내리기 수월해지기 때문이다.

앞으로 회의 중에는 '생각합니다'라는 표현은 피하고 '확신합 니다'라고 말하는 습관을 들이자. 이 사소한 변화만으로도 설 득력은 물론 신뢰도도 높아진다.

06 '누가 말했는가'보다 '무엇을 말했는가'를 중시한다

맥킨지의 기업 문화 중 하나는 회의 시간에 신입이나 사원급 직원들이 활발하게 발언한다는 것이다. 젊은 직원들도 상사나 선배에게 주눅 들지 않고 당당하게 자기 의견을 말한다.

반대로 연장자에 해당하는 상사나 선배들은 젊은 직원이 내놓는 반론이나 지적 사항을 곧바로 받아들이고 진지하게 귀 기울인다. 또 자신들의 생각을 처음부터 재검토하기도 한다. 때로는 젊은 직원들이 상사의 제안을 뒤엎으려고도 하는데 상사들은 오히려 이런 과감한 시도를 즐긴다.

맥킨지에서 일하는 젊은 직원들은 경험치가 훨씬 많은 상사나 선배들 앞에서 어쩌면 그리도 당당하게 발언할 수 있을까? 여기에는 두 가지 이유가 있다. 일단 맥킨지에는 '누가 말했는가'보다 '무엇을 말했는가'를 중시하는 문화가 뿌리 깊게 깔려 있다.

회의에서의 평가 기준은 직급이나 경력, 연령, 성별, 외모 등이 아니다. 고객에게 혹은 프로젝트 추진에 있어서 발언의 내용이 **가치**value**가 있느냐 없느냐가 중요**할 뿐이다.

또 맥킨지에는 사실에 기반하여 발언하는 문화가 있다. 애매한 추측이나 신념에 기대지 않고 숫자나 데이터와 같은 사실Fact에 기반한 발언만이 가치 있다 여긴다.

상식이라 생각했던 것이 제대로 조사해 보니 편견이었던 경우가 많다. 상식이나 과거의 경험에 휘둘리지 말고 제로 베이스에서 질문을 던져 사실을 찾아내고 분석해서 가공하는 것이다. 맥킨지에서는 그것이 바로 전략 컨설턴트의 업무라고 강조한다.

맥킨지에서는 '사실에 기반하여 무엇을 말하는가'에만 중점을 두기 때문에 사원들은 나이가 어리거나 경력이 짧다는 이유로 주눅 들지 않고 당당하게 발언한다. 이러한 기업 문화에서는 역으로 사실이 뒷받침되지 않은 의견을 내놓을 경우 주변으로부터 거센 비판을 받는다. 맥킨지에서 일할 때 한 어린 사원이 내 주장에 '근거가 없다', '데이터가 부족하다' 등을 지적해 쩔쩔맸던 기억이 난다. 이처럼 맥킨지에서는 **입사 연도와 상관없이 오로지 그 사람이 '무엇을 말했는가'를 판단 기준으로 삼는다.**

이때 창피를 당했다고 여겨서는 곤란하다. 누구도 발언자를 인신공격하려는 의도는 없다. 어디까지나 더 좋은 논의를 위한 지적일 뿐이다. 이를 이해하고 나면 객관적인 지적을 귀담아듣고 비판을 받아들일 수 있는 여유가 생긴다.

선배라면 후배의 말에 귀 기울이자

젊은 사원들이 활발하게 발언하면 조직은 활성화된다. 근거만 충분하다면 자신의 의견도 채택될 수 있다고 믿게끔 만드는 환경은 젊은 사원들의 열정에 불을 지펴 준다. 다시 말해 확실한 동기부여가 되는 것이다.

또한 상사나 선배들은 자신의 지위에 안주하지 않고 자극을 받을 수 있다. 젊은 사람의 시점으로 새로운 깨달음을 얻기도 한다.

지위에 따라 어떤 자세로 회의에 참석하는 게 좋을지 알아보자. 자신이 상사나 선배 위치에 있다면 현장에서 발로 뛰는 젊은 실무자가 쉽게 의견을 낼 수 있는 회의 분위기를 만들어 주자. 특히 직급이 올라가면 올라갈수록 현장과는 더 멀어지기 때문에 젊은 직원들이 내는 현장의 목소리를 꼭 들어야 한다.

또 회의에서 발언할 때 주위 반응이 어떤지도 유심히 살펴보자. 근거가 부족할 때면 반론이나 비판이 들어오는지, 다소 허술하고 논리적이지 못한 발언임에도 부하 직원이나 주위 사람들이 아무 말 없이 자신의 의견을 지지하지는 않는지 말이다. 근거가 부족한 발언임에도 비판이나 반론이 들어오지 않는다면 회의 분위기는 마치 **고인 물 같다. 새로운 의견이나 아이디어가 활발하게 오고 갈 가능성이 낮다는 의미다.**

자신의 모습을 되돌아봤을 때 마음에 걸리는 게 있다면 회의 준비에 조금만 더 신경을 쓰자. 의견을 낼 때는 사실과 근거를 철저하게 준비하는 습관을 들이자. 또 허술한 발언임에도 반론이나 대안이 나오지 않는다면 직접 주위 사람들에게 질문을 던져 보아도 좋다.

　신입 사원이나 사원급 직원이라면 경험이 부족하다는 핑계로 회의실 뒤로 물러서 있지 말고 정확한 사실과 근거를 갖춘 의견을 준비해서 적극적으로 참여하자. 특히 자신의 전문성을 발휘할 수 있는 분야라면 주저하지 말고 당당하게 말해 보자. 모바일이나 인터넷, AI나 블록체인 등의 테크놀로지 분야처럼 선배들보다 지식이나 정보 면에서 자신 있는 주제가 나올 때는 적극적으로 자신의 의견을 피력하자.

　'누가 말했는가'보다 '무엇을 말했는가'를 중시하는 문화가 뿌리내리려면 한 사람 한 사람의 마음가짐이 중요하다. 자신이 먼저 나서서 달라진 의식과 자세를 보여 주면 주변 사람들도 분명히 영향을 받을 것이다. 새로운 마음가짐으로 일을 대하는 그 한 사람의 자세가 회의 분위기를 더욱 긍정적으로 바꿔 주며 이는 틀림없이 조직의 성과와도 연결될 것이다.

07 기승전결로 말하지 않는다

전 세계 어디서든 비즈니스 대화는 결론부터 말하는 것이 기본이다. 그런데 학교에서는 '기승전결'이라고 부르는 이야기 구성법을 더 많이 가르친다. 기승전결 구조는 이야기에 긴장감을 부여하고 읽는 이나 듣는 이에게 재미있고 지루하지 않게 전달된다는 특징이 있다. 또한 이야기를 어떻게 연출하느냐를 중시하는 구성법이다.

기승전결 구조의 가장 큰 특징은 결론이 맨 마지막에 등장한다는 점이다. 이 때문에 비즈니스 대화에서는 되도록 피해야 하는 구성법이기도 하다.

기승전결 구조는 많은 사람 앞에서 연설이나 프레젠테이션을 할 때 유용하다. 초반에는 일부러 결론을 감추어 두었다가 마지막에 강한 인상을 남기면서 자신의 의도를 전달할 때 효과적이다. 말하자면 이야기 구성법의 '기본 편'이 아니라 '응용 편'에 해당된다.

결론을 밝히고 근거를 덧붙이는 방식부터 연습하자

애플의 창업자인 스티브 잡스Steve Jobs가 미국 스탠퍼드 대학교Stanford University 졸업식에서 한 연설이 있다. 워낙 유명해서 다들 한 번쯤 접해 본 경험이 있을 것이다. 잡스의 연설을 토대로 이야기 구성법에 대해 좀 더 자세히 알아보자.

잡스의 졸업식 연설을 살펴보면 구성이 매우 논리적이다. 전체적으로는 결론을 먼저 말하고 이어서 근거를 말하는 방식으로 진행됐다.

잡스는 "I want to tell you three stories from my life(여

러분께 제 인생에서 겪은 세 가지 이야기를 하려 합니다)."라고 시작한 뒤 "The first story is~. My second story is~. My third story is~(첫 번째 이야기는~. 두 번째 이야기는~. 세 번째 이야기는~)." 과 같은 순서로 세 이야기를 들려주었다. 먼저 지금부터 무슨 이야기를 할지 설명한 다음 이야기 보따리를 하나씩 풀어 간 것 이다. 이야기 구성법의 기본 편으로서 결론을 말한 뒤 근거를 덧붙이는 방식에 해당한다.

그런데 처음 예고했던 세 가지 이야기를 끝마치자 갑자기 무 엇이 결론이고 근거인지가 명확하지 않은 낯선 이야기를 등장 시킨다. 잡스는 천천히 다음과 같이 말하기 시작했다.

기: "When I was young, there was an amazing publication called The Whole Earth Catalog."

(제가 어렸을 때 〈The Whole Earth Catalog〉라는 이름의 멋진 잡지가 있었습니다)

갑자기 새로운 이야기가 시작되자 청중들은 당황했다. 결론 은커녕 이야기가 어떻게 연결될지 도무지 감을 잡지 못했다.

승: "which was one of the bibles of my genera-
tion."

(그 잡지는 저희 세대에게 일종의 성경과도 같은 책이었습니다)

이때까지도 청중들은 잡스의 말이 무슨 뜻인지 몰랐다. 하지
만 이어지는 다음 문장을 통해 이야기의 전환이 시작된다.

전: "Beneath it were the words: Stay Hungry. Stay
Foolish."

(그 잡지 마지막 호의 뒤표지 밑에는 '늘 갈망하라, 바보처럼 우직하
게'라는 말이 있었습니다)

그리고 드디어 결론이 등장한다.

결: "I wish that for you. Stay Hungry. Stay Foolish."

(저는 여러분께 이 말을 선물하고 싶습니다. '늘 갈망하라, 바보처럼
우직하게')

끝까지 연설을 듣지 않으면 잡스가 대체 왜 옛날 잡지 이야기를 꺼내는지 알 수가 없다. 일부러 결론을 모른 척하며 이야기를 진행했기 때문이다.

결국 잡스는 기승전결 구조를 활용해 청중들의 시선을 사로잡는 데 성공한다. 기승전결 구조로 전달된 잡스의 마지막 멘트를 '결론→근거' 순서로 수정하면 다음과 같다.

> "저는 여러분께 'Stay Hungry. Stay Foolish'라는 말을 선물하고 싶습니다. 왜냐하면 어렸을 때 이 말을 듣고 크게 감동받았기 때문입니다. 'Stay Hungry. Stay Foolish'라는 말은 〈The Whole Earth Catalog〉라는 이름의 잡지에 쓰여 있었습니다. 저희 세대에게 성경과도 같은 책이었죠. 잡지 마지막 호의 뒤표지 밑에 이 말이 적혀 있었는데 매우 인상적이었습니다."

잡스의 말을 위와 같이 바꾸면 기승전결 구조를 활용한 경우보다 전달되는 메시지는 명확해진다. 그 대신 가슴을 치는 울림은 줄어든다. 잡스는 기승전결을 활용한 이야기 연출법을 애플 신상품 발표회에서도 자주 사용했다. 마지막까지 도대체 뭐가 새 상품인지, 무엇에 대한 발표회인지를 숨기고 짐짓 모른 척하다가 발표회가 끝나기 직전에 주머니에서 아이폰을 꺼내 드는 식이다.

잡스의 이야기 방식은 매우 고난도의 기술이다. 초보자가 섣불리 시도했다가는 이도 저도 아닌 이야기로 끝날 확률이 높다. 우리는 먼저 결론부터 밝히고 이어서 근거를 덧붙이는 방식으로 정돈된 이야기를 진행하는 편이 바람직하다.

앞에서도 언급했지만 내가 운영하는 '비즈니스맨을 위한 영어 학습 프로그램'에는 하나의 주제를 가지고 자신의 의견을 서술하는 영작문 시간이 있다. 수업에서는 먼저 결론을 쓰고 이를 뒷받침하는 근거를 나열한 뒤 다시 결론을 반복해서 쓴 다음 글을 끝맺도록 지도하고 있다.

그런데 마지막 결론이 처음 결론과 달라지는 경우가 자주 있다. 글을 쓰는 도중 사고가 확장되어 같은 결론이 반복되어야 할 부분에 처음 결론에서 파생된 다른 결론을 써 버리기 때문이다.

결론과 근거를 명확하게 밝히고 결론과 결론 사이에 근거를 끼워 넣는 방식부터 제대로 연습해 보자. 잡스의 연설에서 보았듯이 기승전결 구조에서도 결론과 근거 없이는 이야기가 완성될 수 없다. 결론과 근거가 없으면 제아무리 멋진 기술을 써서 이야기한다고 해도 메시지는 효과적으로 전달되지 않는다.

결론부터 이야기하고 근거를 밝히는 구성법이 익숙해지면 순서를 바꿔서 기승전결과 같은 기술을 사용해 이야기를 좀 더 극적으로 전달해 보자. 긴 연설을 하거나 장문의 글을 써야 할 때, 혹은 시간을 충분히 갖고 준비할 수 있을 때 도전해 보길 권한다. 하나씩 단계를 밟아가듯 이야기 구성법을 익혀서 효과적으로 자기주장을 해보자.

The 38 Routines of

The World's Leading

Entrepreneurs

chapter 2

우리는 '성과'를 위해
'함께' 일한다!

일한다는 것에 관한 그들의 생각

08

'기브 앤 테이크'보다는
'쉐어 앤 쉐어'

외국 자본계 컨설팅 회사나 금융 기업에서는 'Up or Out(진급 아니면 해고)'라는 말을 자주 쓴다. 그만큼 경쟁이 치열하다는 뜻이다. 종신고용은 당연히 보장되지 않으며 개개인의 실적이 늘 중요시된다.

하지만 이러한 분위기와는 달리 골드만 삭스에서는 사원들이 개인의 이익만을 위해 움직이는 경우가 많지 않았다. 오히려 동료를 배려하고 팀에 공헌하기 위해 노력하는 분위기였다.

개인보다는 팀워크를 중시하는 골드만 삭스의 문화를 한마디로 표현하자면 '쉐어 앤 쉐어Share & Share'라고 할 수 있다.

상호 간의 협력을 표현하는 대표적인 말에는 '기브 앤 테이크 Give & Take'가 있는데 '기브 앤 테이크'에서는 주는 사람과 받는 사람이 확실히 구분되어 있다. 내가 무언가를 주면[Give], 그다음에는 받을[Take] 차례임을 의미한다.

반면 '쉐어 앤 쉐어'에서는 주는 사람과 받는 사람이 명확하게 나뉘지 않는다. 각자 자신이 제공할 수 있는 지식, 경험, 노력 등을 팀원들과 적극적으로 공유할 뿐이다. '기브 앤 테이크'처럼 이번에는 내가 받았으니까 다음에는 갚아야 한다며 의식적으로 행동하는 일은 없다.

'쉐어 앤 쉐어'에서는 자신의 능력을 공유하여 팀이 성과를 올리는 데 기여하는 것이 개인의 목표이다. 팀에 공헌하게 되면 기분도 좋지만 동시에 자신의 존재 가치를 팀원들에게 증명해 보일 수 있다. 이는 곧 자기실현과도 연결된다. '쉐어 앤 쉐어'는 이기주의도 이타주의도 아니다. 팀의 성공을 통해 자기실현을 도모하는 행위이므로 **'이팀주의[利+team]'**에 해당한다.

'이팀주의' 하면 기억나는 에피소드가 있다. 1년이 넘는 기간 동안 한 기업의 매수 프로젝트에 참여한 적이 있었다. 연일 밤 늦게까지 일하던 바쁜 시기였다.

프로젝트 진행은 순조롭지 않았다. 몇 번이나 위기가 찾아왔었던 터라 자칫 잘못하면 모든 일이 수포로 돌아갈 판이었다. 늘 살얼음판을 걷는 기분이었다. 하루는 클라이언트와의 긴 미팅을 끝내고 배고픈 프로젝트 팀원들과 함께 식사를 하러 갔다. 그때 상사가 저녁을 먹으면서 이런 말을 했다.

"이번 프로젝트가 무사히 끝나면 나는 팀원들이 마치 전우처럼 느껴질 것 같아."

당시에는 상사의 말을 잘 이해하지 못했다. 하지만 지금 돌이켜 생각해 보면 상사가 말한 '전우'의 의미가 무엇인지 확실히 알 것 같다.

저녁 식사가 끝나고 식당을 나오자 팀원들은 어느 누구 할 것 없이 모두 사무실로 돌아갔다. 각자의 위치에서 팀의 성공을 위해 업무에 몰두했다. 모두가 팀을 위해 최선을 다하겠다는 마음가짐이었다.

결국 프로젝트는 성공리에 끝났다. 팀을 위해 각자 열심히 노력한 결과 프로젝트는 성공할 수 있었고 이는 다시 팀원들의 자기실현으로 이어졌다. 자신이 가진 능력을 적극적으로 '쉐어 앤 쉐어'한 결과인 것이다.

팀을 위한 길이 자신을 위한 길

'쉐어 앤 쉐어'를 실천하려면 먼저 팀의 성공을 위해 내가 무엇을 할 수 있을지 자문해 봐야 한다. 스스로 묻고 답하다 보면 내가 할 수 있는 일, 내가 가진 지식이나 경험으로부터 파악한 정보를 팀 전체와 적극적으로 공유하려는 의식이 생긴다.

자신의 노력이 팀의 성과와 연결된다는 의식이 생기면 주체적으로 일하게 된다. 주체적으로 일하는 사람은 팀 내에서의 존재 가치가 올라가며 팀원들에게 존경받게 된다. 결국 팀을 위해 한 일이 나 자신을 위해 한 일이 되는 셈이다. '쉐어 앤 쉐어'를 실천하는 일은 자기실현을 위한 길과도 같다.

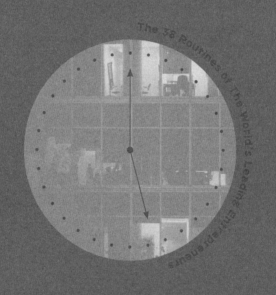
The 38 Routines of The World's Leading Entrepreneurs

09

팀의 '평화'보다 '성과'를 먼저 생각한다

글로벌 기업, 그중에서도 외국 자본계 컨설팅 회사나 금융 기업에서는 팀보다 개인의 능력을 더 중요시한다고 생각하는 사람이 많다. 또 이런 기업에서는 경쟁이 심해서 개성이 강한 사람이 다른 사람을 제치고 출세하는 경우가 많을 거라 생각한다.

하지만 예상과는 달리, 골드만 삭스의 면접관들이 입을 모아 강조한 건 '팀워크 문화'였다. 면접관들은 "골드만 삭스는 개인보다는 팀을 우선시한다. 우리는 팀원들과 함께 일할 수 있는 인재를 찾고 있다."라고 말했다.

사실 입사하기 전까지만 해도 '팀워크 문화'의 존재를 반신반

의했었다. 하지만 실제로 골드만 삭스에 입사해 보니 팀워크 문화는 분명히 존재했다.

골드만 삭스는 목표가 명확했다. 팀이 지향해야 할 목표와 개인이 추구해야 할 목표는 모두 회사의 목표를 기반으로 만들어졌다.

다시 말해 회사와 개인의 목표를 일치시킨 것이다. 골드만 삭스에서는 회사를 위해, 즉 팀을 위해 공헌할 수 있는 인재를 필요로 했다.

팀워크 문화를 공고히 하는 데에는 '360도 평가' 제도가 크게 기여했다. 골드만 삭스에서는 상사가 부하를 일방적으로 평가하지 않는다. 그 대신 상사, 동료, 후배 등 어떤 프로젝트에 관여하는 멤버 전원이 서로를 평가한다. 과거 윗사람이 아랫사람을 평가하던 방식에서 벗어나 자신을 둘러싼 모든 이들이 과거 1년간의 업무 태도를 평가하는 것이다.

평가 시즌이 되면 사원들은 약 한 달에 걸쳐 다섯 단계의 수치와 코멘트로 1년 동안 함께 일했던 동료들을 평가해야 한다.

평가 항목도 매우 다양하다. 가령 긴급 상황 때 연락을 해도 받지 않고 회신도 없는 사람은 '접근성' 항목에서 낮은 점수를 받는다. 독단적으로 일하는 사람이나 상사들은 좋게 보는데 동료나 후배들에게는 평판이 좋지 않은 사람도 냉정하게 평가받는다.

'360도 평가' 제도의 장점은 남에게 평가받으면서 동시에 남을 평가한다는 점이다. 상대를 평가하는 만큼 자신의 행동이나 성과도 고스란히 평가받는다. 회사나 팀을 위해 노력하고 공헌해야 비로소 자신의 점수가 높아지는 구조다. '360도 평가' 제도 덕분에 개인보다는 팀의 성과를 우선하는 마음이 자연스럽게 커진다.

실제로 골드만 삭스에서 일하면서 팀플레이를 중요시하는 사람을 많이 만났다. 다른 부서나 해외 사무실 사람에게 상담이나 질문을 하면 바쁜 와중에도 흔쾌히 회신을 주었다. '나와 상관없는 일'이라며 차갑게 대하는 경우는 드물었다.

부서는 달라도 회사의 목표를 공유하는 동료이므로 협력하는 것이다. 이는 자신의 공헌이 회사의 성과와 이어진다는 사실을 모두 잘 인지하고 있기 때문에 가능한 일이었다.

'팀플레이'는 어디까지나 성과를 내기 위한 수단

다만 팀플레이와 팀원들 간의 평화를 혼동해서는 곤란하다. 사람들은 평화를 중요시한다. 결과와 상관없이 다 같이 힘을 모아 노력하는 자세 그 자체를 존중하고 아름답게 여긴다.

하지만 비즈니스 세계에서 평화가 결코 목표가 될 수 없다. 비즈니스의 목표는 모두가 협력해서 도달해야 하는 목적지나 결과물에 있다. 비즈니스맨에게 팀의 성과란 곧 팀의 목표를 의미한다.

평화를 중시하면서 팀의 성과를 등한시한다면 이는 비즈니스가 아니다. 비즈니스에서 팀의 성과가 없으면 그 팀을 유지하기 힘들뿐더러 이윤도 발생하지 않아 고용 자체도 위협받는다. 고용이 유지되지 못한다면 결국 처음 추구했던 팀원들 간의 평화도 깨져 버린다.

글로벌 회사의 직원들이 중요시하는 팀플레이는 어디까지나 성과를 내기 위한 수단일 뿐이다. 모두가 최선을 다했으니 결과는 상관없다고 생각하는 경우는 없다. 노력한 이상 결과물이 있어야 하며 팀 단위의 성과가 반드시 나와야 한다.

비즈니스에서의 팀플레이는 어디까지나 성과를 내기 위한 수단임을 잊지 말자. 가장 우선시해야 할 부분은 팀의 평화가 아니라 '성과'다. '1퍼센트의 차이'란 이와 같은 사소한 의식 전환 안에 숨겨져 있다.

10 그들이 물밑 작업을 하는 이유

'물밑 작업'이란 원래 어떤 의미를 지닌 말일까. 사전을 찾아보면 '어떤 목적을 이루기 위해 겉으로 드러나지 않도록, 또는 공식적인 태도나 방향과는 다르게 은밀하게 하는 작업'이라고 나와 있다.

그래서인지 '물밑 작업'이라고 하면 부정적인 이미지를 떠올리는 사람들이 많다. 정해진 절차에서 벗어났거나 규정을 위반한 경우, 혹은 비공식적인 자리에서 남몰래 이뤄지는 것을 떠올린다.

영어에도 이와 비슷한 표현이 있다. 'Lay the Groundwork'

라는 표현이다. '성공의 기틀을 마련하다'라는 뜻인데 기초 작업이라는 의미를 지닌 'Groundwork'를 활용해 만든 단어다.

사실 물밑 작업은 성과를 위해 때로는 반드시 거쳐야 할 과정이다. 명백하게 불공정한 행위이거나 법과 규정을 위반한 경우가 아니라면 꼭 부정적인 시선으로 바라볼 필요는 없다.

골드만 삭스에서도 사내에서 이뤄지는 물밑 작업은 상황에 따라 매우 중요한 업무 과정으로 인식된다. 예를 들어 투자 안건에 관해 뉴욕 투자 위원회의 검토와 허가가 필요한 경우가 있다. 이때 공식적인 검토 회의가 열리기 전에 위원회의 핵심 인물에게 투자 안건에 관한 설명을 해 둘 수 있다.

제안 내용을 간결하게 정리해서 보내고 통화로 간단한 설명을 덧붙이면서 협조를 구하는 것이다. 당장은 긍정적인 반응을 얻지 못하더라도 회의가 개최되기 전까지 위원회 사람들을 설득할 수 있는 자료를 추가하거나 제안 내용을 수정하는 데 도움이 된다.

이러한 과정이 바로 물밑 작업이다. 위원회의 짧은 회의 시간을 감안해서 사전에 검토 재료가 될 만한 정보를 제공하면 올바른 판단을 내리는 데 도움이 될 수 있다.

위원회의 멤버들도 중요한 정보를 제공받았다면 사전에 관계자와 접촉했다는 사실을 부인하지 않는다. 정확한 판단을 내리는 것이 우선이므로 이를 위한 물밑 작업은 오히려 환영받을 만한 사항이다.

성공적인 물밑 작업을 위한 4가지 포인트

① 배경과 근거를 정리해라

사전에 가볍게 의견을 전달하는 것뿐이니 자료 준비에 공을 들일 필요는 없다고 생각하면 오산이다. 또 이러한 일을 하고 싶다는 마음만 전해서는 상대방이 흘려듣기 쉽다. 물밑 작업을 할 때도 실전에 임하듯이 최선을 다해 준비해야 한다. 제안하고자 하는 일의 배경과 근거를 충분히 담아서 전달하자.

② 열의를 보여라

최종 결정권자에게는 제안자의 진정성도 중요한 판단 기준이 된다. 프로젝트의 성공과 실패는 결국 실행자가 얼마나 열정을 쏟느냐에 달려 있기 때문이다. 물밑 작업은 자신의 강한 열정을 보여 줄 좋은 기회다.

③ 타이밍을 놓치지 마라

물밑 작업에는 타이밍이 매우 중요하다. 상사의 의도를 파악해 가며 일을 진행하고 싶을 때는 리서치 단계 때부터 미리 보고하는 편이 좋다.

반대로 내용을 탄탄하게 갖춘 다음 실전 프레젠테이션 직전에 전달해야 좋은 경우도 있다. '좀 더 일찍 알았다면 도울 수 있었을 텐데요', '미리 알려 주셔도 구체적인 계획이 없다면 별다른 방법이 없어요'와 같은 이야기를 듣지 않도록 적절한 타이밍을 계산하자.

④ 공정한 물밑 작업만 하라

공정하지 않은 물밑 작업은 어떤 경우에라도 인정받을 수 없다. 상사에게 접대를 하면서 인사 평가 점수를 올려 달라고 부탁하는 행위는 당연히 금물이다.

물밑 작업도 결국 제안을 관철하기 위해 준비하는 다양한 업무 과정 중 하나다. 공정한 선 안에서 정정당당하게만 한다면 팀의 성과를 올리는 데 큰 도움이 된다.

11

열심히 하는 것도 때를 봐가면서 한다

일본과 한국을 비롯한 동양의 비즈니스맨들은 근면성실하다는 말을 자주 듣는다. 골드만 삭스나 맥킨지에서 함께 일했던 외국인 상사나 하버드 비즈니스 스쿨의 클래스메이트들과 비교해 봐도 성실하고 빈틈없이 일하는 편이다.

그렇다면 글로벌 인재들은 불성실할까? 전혀 그렇지 않다. 글로벌 인재들도 성실히 일하는 편이다. 다만 글로벌 인재들은 상황에 따라 자신의 일을 대하는 태도가 달라진다. 우리들은 어떠한 악조건에서도 최선을 다해야 한다고 생각하는 반면 글로벌 인재들은 상황에 맞춰 유연하게 사고할 줄 안다.

이는 단순히 성실하지 않은 것과는 조금 다르다. 글로벌 인재들은 아무리 열심히 해도 결과가 좋지 않으리라고 판단하는 상황에는 최선을 다하지 않는다. 반대로 노력이 목표 달성으로 이어진다고 판단되면 우리에게 지지 않을 만큼, 아니 그 이상으로 열정을 쏟아붓는다.

글로벌 인재들에게는 항상 목표가 무엇보다 중요하다. 가령 '언제까지 이 정도의 결과물이 필요하다'는 목표가 설정되면 목표를 향해 전력 질주한다.

글로벌 인재들은 **최선을 다해야 할 상황과 그렇지 않은 상황을 가려서 일한다고 볼 수 있다. 상황에 맞춰 자신이 가진 능력을 효율적으로 쓰는 것이다.** 자신의 능력이 유한하다는 점을 잘 알기에 온 힘을 다해야 할 상황이라면 있는 힘껏 밀어붙이고 그렇지 않은 상황에서는 힘을 뺀다. 능력을 효율적으로 사용하여 최대한의 성과를 내려는 전략이다.

글로벌 기업에서 명확한 목표 설정을 최우선시하는 이유는 팀원들의 다양성과도 관련이 깊다. 팀원들은 여러 인종이 섞여 있으며 인생관도 직업관도 모두 다르다. 서로 다른 팀원들이 같은 방향을 바라보게 하려면 명확한 비전과 목표가 필수다.

미팅을 할 때도 먼저 회의의 목표부터 명확하게 밝힌다. 목표가 확실해야 이를 달성하기 위해 필요한 전략과 접근법이 나오기 때문이다. 목표가 불분명하면 최선을 다할 이유가 없어진다. 목표가 있어야만 노력할 이유가 생긴다. 글로벌 기업에서 함께 일했던 상사나 동료들은 이 점을 확실하게 알고 있었다.

기업의 매수 안건에 관한 자문 업무를 담당할 때였다. 우리는 글로벌 사업을 전개하는 클라이언트 기업의 담당자와 일주일에 한 번 국제전화로 정례 회의를 진행했다.

어느 날이었다. 늘 그래왔듯이 전화 회의를 시작하려는데 클라이언트 쪽에서 먼저 다음과 같은 말을 꺼냈다.

"오늘 미팅의 목적이 뭐였죠?"

늘상 해 오던 회의라 특별한 목적을 염두에 두지 않았기에 좀 당황스러웠다. 사실 최근 일주일 동안 업무에 아무런 진전이 없었던 상황이라 장시간 대화할 필요 없었던 터였다.

"상황이 상황인 만큼 오늘 미팅은 일찍 끝낼까요?"

클라이언트의 한마디에 회의장에 있던 모두가 고개를 끄덕였고 그날 미팅은 그대로 종료되었다.

사내에서 프로젝트를 진행할 때도 비슷한 경험이 있었다. 기업의 매수 업무를 담당할 때였는데 매도자의 움직임이 돌연 주춤했던 적이 있다. 오늘내일 안에 어떻게든 해야 하는 절박한 상황에서 벗어난 것이었다. 이럴 때는 야근해도 의미가 없어 팀원들끼리 상의해 그날은 특별히 일찍 퇴근했던 기억이 난다.

클라이언트나 프로젝트 팀원들의 대응이 다소 냉정하게 보일지도 모르겠다. 하지만 그들은 비효율적으로 일하지 않을 뿐이다.

무턱대고 에너지만 쏟지 말고 목표와 목적을 분명히 하자

우리는 주어진 업무에 최선을 다하는 성실함을 갖추었다. 충분히 자랑할 만한 자질이다. 하지만 분명하게 상황이 달라졌을 때도 일이니까, 정례 회의니까 등의 이유로 계획대로만 일을 진행하는 경우도 적지 않다. 특히 안건이 없는데도 주간 회의라서 모인다든지, 메일이나 전화로도 충분히 전달할 수 있는 이야기를 굳이 회의실에서 하는 경우도 있다.

성실하게 일하는 것도 중요하지만 때로는 최선을 다하는 '과정'보다는 '결과'에 더 집중할 필요가 있다. 실패할 게 눈에 뻔히 보이는데도 일을 붙잡고 늘어지면 쓸데없이 시간을 낭비하게 되며 일의 효율도 떨어진다. 일이 끝났는데도 상사가 퇴근하지 않아서 야근하는 척한다거나 오래 앉아 있는 모습이 곧 근면함을 보여 주는 것이라 생각해서는 곤란하다. 이러한 생각과 업무 자세는 생산성을 떨어뜨릴 뿐 아니라 장시간 노동을 인정하는 잘못된 문화로 이어진다.

근면성실함은 우리들의 자랑이자 미덕임에 분명하다. 하지만 힘을 빼야 할 때 빼 두지 않으면 정작 중요한 순간이 찾아왔을 때 피로가 누적되어 일의 속도가 떨어지고 의욕도 사라진다. 결과적으로 생산성이 저하되며 애써 노력한 일이 모두 헛수고가 되기도 한다.

타고난 근면성실함에 목표를 최우선시하는 사고방식을 더해 보자. 지금보다 더 큰 성과를 올릴 수 있을 것이다.

어떤 일을 하든 목표를 명확하게 인지하자. 당장 내일부터 이 점을 염두에 두고 업무를 해보자. '이 일은 무엇을 위해 하는 걸까, 지금 이 일을 해야만 하는 이유는 무엇일까'를 스스로 묻고 답해 보는 습관을 지니면 일의 능률이 크게 올라갈 것이다.

12 성과를 최대한으로 끌어 올리기 위한 업무 공식

외국 자본계 금융 회사나 컨설팅 회사는 경쟁이 심한 업계로 알려져 있다. 골드만 삭스나 맥킨지에서도 강한 업무 강도를 견디는 것이 사원이 갖춰야 할 중요한 자질 중 하나였다.

사실 내가 근무했을 당시에도 젊은 직원들은 평일이면 늦게까지 야근을 했다. 그런데도 일이 끝나지 않아서 주말에까지 출근해 업무량을 채우기 바빴다. 관리직이 되면 어느 정도 시간에 융통성이 생기지만 바쁜 것은 매한가지였다.

골드만 삭스와 맥킨지의 상사나 동료들은 왜 그렇게 자기 몸을 던져 가며 열심히 일했을까. 이유는 단 한 가지, 성과를 내고

야 말겠다는 목표가 분명했기 때문이었다.

성과는 질(생산성)과 양(시간)의 곱셈으로 결정된다. 우선은 일의 질, 즉 생산성을 올리는 것이 중요하지만 그것만으로는 경쟁 업계를 이기기 어렵다. 성과를 최대한으로 끌어 올리려면 결국 일에 들이는 물리적 시간도 늘려야 한다. "**성과 = 질(생산성) × 양(시간)**"이라는 공식을 인정해야만 하는 것이다.

그렇다고 무조건 장시간 노동하며 강도 높은 업무량을 견디라는 말은 아니다. 프로답게 자신에게 적합한 노동의 질과 양의 균형점을 판단해서 스스로를 관리해야 한다.

예전에 같이 일했던 상사 중에 아무리 일이 바빠도 자신이 정한 퇴근 시간을 지키고 야근은 하지 않는다는 원칙을 고수하던 분이 있었다. 빨리 처리해야만 하는 프로젝트가 들어오면 밤늦게까지 일하는 것이 관행화되어 있던 업계에서 어떠한 상황에서도 퇴근 시간을 지키기란 결코 쉽지 않은 일이었다. 상사가 그토록 정해진 퇴근 시간을 고집한 데는 이유가 있었다. 자신에게 필요한 휴식 시간을 확보해서 다음 날에도 아침부터 일에 집중하기 위해서였다.

사람에 따라 노동의 질과 양의 균형점은 다르다. 퇴근 시간을 엄수했던 상사는 최대한의 성과를 올리기 위해 하루의 노동량을 엄격하게 제한했다. 과거의 경험에 근거해서 자신에게 적합한 노동 시간을 파악한 다음, 퇴근 시간을 지키는 방법으로 스스로를 관리한 것이다.

신입 사원 시절, 나는 '성과＝질×양'의 공식을 완벽하게 이해하지 못하고 밤늦게까지 일하기 일쑤였다. 야근한 당일에는 일을 일단락 지었다는 성취감을 맛보았지만 다음 날에는 피곤에 찌들어 작업 효율이 현저하게 떨어졌다.

때로는 성과를 내기 위해 업무 강도를 높일 필요도 있다. 하지만 지나치게 욕심을 부리다 보면 노동의 질도 양도 떨어져서 주객이 전도되는 상황이 벌어진다. 노동의 질과 양의 적절한 균형점을 찾지 못하고 무턱대고 야근을 반복했던 나에 비하면 성과를 내기 위해 자신의 노동 시간을 엄격하게 관리했던 상사는 그야말로 프로다웠다.

자신의 능력을 최대한 발휘시킬 수 있는 질과 양의 공식은 오직 스스로 경험을 통해서 깨달을 수 있다. 최대한의 성과를 내기 위한 나만의 균형점을 찾아 업무에 적용해 보자.

13 금요일 밤에는 일찍 퇴근 '해야' 한다

일주일에 한 번 사무실에 인적이 드물어지는 시간이 있다. 바로 금요일 밤이다. 매일 늦게까지 남아 있던 사람도 금요일에는 일찌감치 일을 끝내고 퇴근한다.

퇴근 후의 시간을 보내는 방법은 저마다 다르다. 가족과 함께 저녁 식사를 즐기는 사람도 있고 모임에 나가거나 동료와 함께 술자리를 갖는 사람도 있다. 그들에게 금요일 밤은 주말의 일부다. 당장 처리해야 하는 일이 아닌데도 사무실에 남아 있으면 업무를 맺고 끊는 데 서툰 워커홀릭으로 비치기 쉽다.

일은 항상 우리 앞에 놓여 있고 끝이 없다. 모든 일을 끝맺기란 애초에 불가능하다. 업무를 일단락 짓고 퇴근하는 습관이 붙지 않으면 항상 일에 매여 있고 업무 시간과 휴식 시간의 경계가 불분명해진다.

금요일 밤, 글로벌 회사의 직원들은 주변 사람들에게 "Have a great weekend.", "Enjoy your weekend."와 같은 말을 전하며 사무실을 나선다. 둘 다 즐거운 주말을 보내라는 인사말이다. 이런 인사말을 주고받는 데서 알 수 있듯이 글로벌 회사의 직원들은 기본적으로 휴일에는 출근하지 않고 개인 시간을 충분히 즐기려 한다.

월요일 아침에는 "How was your weekend?"라며 주말을 어떻게 보냈는지 제일 먼저 묻는 것이 그들의 문화다. (사실 특별한 의미를 담은 질문이라기보다 일상적으로 주고받는 대화의 일부분이지만) 이것이 하나의 정해진 인사말이 된 데에는 '주말은 개인적인 시간'이라는 전제가 그들의 머릿속에 깔려 있기 때문이다.

물론 업무 상황에 따라 휴일에도 출근하거나 집에서 서류 작업을 하는 경우도 있다. 사실 골드만 삭스나 맥킨지에도 주말에 바쁘게 일하는 직원들이 있었다. 솔직히 말하면 나 역시 그랬다. 바빠지면 토요일에도 출근하는 편이었다.

하지만 **주말에 일을 했더라도 월요일 아침 인사말에 "이번 주말에는 계속 일만 했어."라는 말은 피했다.** '워크 라이프 밸런스'를 맞추지 못하는 사람으로 비칠 수도 있기 때문이다.

주말에 일했더라도 회사를 위해 개인 시간을 희생했다는 뉘앙스가 아닌, 성과를 위해 주체적으로 일했다는 점을 강조하여 긍정적으로 말해야 한다.

"좋은 아이디어가 떠올라서 잊어버리기 전에 제안서를 만드느라 일요일에 작업을 좀 했어. 나중에 좀 봐주겠어?"

이처럼 긍정적인 자세로 말을 하면 상사나 동료들도 당신을 프로로 인정해 줄 것이다. 어쩔 수 없이 주말에 일하는 바람에 피곤하다는 뉘앙스로 말하는 것은 금물이다.

바쁜 직장생활 중에도 금요일만큼은 일찍 퇴근하도록 노력하자. 주말이 아닌 평일에 휴일이 있다면 휴일 전날을 금요일처럼 생각하면 된다. 어느 요일에 일찍 퇴근할지는 업무 환경에 맞춰 각자가 결정하자. 업무 시간과 휴식 시간을 잘 분배해서 몸과 마음을 충전시키는 시간을 확보해 두어야 업무에 복귀했을 때 활기가 넘친다.

14

회식 자리에도
배려가 필요하다

골드만 삭스에 입사한 지 1년도 채 되지 않았던 겨울날의 일이
다. 그때 나는 일 처리에 능숙하지 못해서 한참 고민에 빠져 있
었다.

　하루는 클라이언트와의 미팅을 끝내고 회사로 돌아오는 길
에 상사와 식사를 하게 되었다. 식사 도중 상사가 뜻밖의 말을
꺼냈다.

　"이제는 꽤 일이 손에 익었나 봐."

　평소 사무실에서는 무서운 얼굴로 엄하게 훈계하는 상사였
다. 그런 분이 낯선 장소에서 술이 조금 들어가자 의외의 말을

꺼낸 것이다.

생각지도 않은 칭찬을 받게 되자 나는 프로페셔널이 되기 위해 앞으로 더 분발해야겠다는 마음이 들었다. 사실 그때의 칭찬은 상사가 내 성장의 계기를 만들어 주기 위해 일부러 건넨 멘트였다.

하지만 그 당시 나에게는 일이 재밌어지는 계기가 되어 준 소중한 한마디였다. 상사와의 술자리가 업무에 긍정적인 영향을 미친 것이다.

글로벌 업무 환경에서도 동료와 술을 마시거나 같이 밥을 먹으며 대화하는 자리가 많다. 예전에 맥킨지에서 선배, 동료들과 함께 오스트리아 연수를 다녀온 적이 있다. 세계 각국에서 모인 약 30명 정도의 컨설턴트가 참가했다.

마지막 날에는 회식을 했는데 연수실에 낡은 노래방 기계가 있어서 한 명씩 돌아가며 좋아하는 노래를 열창했다. 누군가 노래를 부르면 조용히 듣기만 하는 얌전한 분위기를 상상했는데 예상은 빗나갔다.

자신이 좋아하는 곡이 나오면 큰소리로 따라 부르면서 다들 한껏 흥이 오른 모습이었다. 모두가 신나게 노래를 부르는 모습을 보고 있자니 세계 어디든 회식 자리에서의 모습은 비슷하다는 생각이 들었다.

다만, 회식을 대하는 자세는 조금 다르다. 일본이나 한국에서는 회식에 참여하는 사람은 협조적이라고 생각하는 반면, 이유 없이 참여하지 않는 사람은 팀 분위기를 흐린다며 부정적으로 생각하는 경향이 있다.

하지만 글로벌 환경에서는 회식 자리에 참석을 강요하는 경우는 없다. 참가 여부는 모두 본인의 선택에 달려 있다. 기분이 좀 안 좋다든지, 다른 약속이 있다는 이유로 회식 자리에 빠져도 부정적으로 보는 사람은 아무도 없다.

글로벌 환경에서는 사무실 바깥에서 이뤄지는 모임을 자신을 알릴 기회로 보고 적극적으로 활용하는 사람들이 많다. 외부 사람이 참가하는 파티라면 자신의 얼굴을 각인시키기 위해 먼저 나서서 말을 거는 사람도 많다.

사내 모임이라면 동료와의 대화를 통해 서로의 거리를 좁히려고 노력한다. 회식 자리를 즐기는 한편 자신의 존재를 드러내는 자리로 이용하는 것이다.

회식에 참여하는 것은 의무가 아니며 함께하지 않는다고 해서 마이너스 평가를 받는 일도 없다. 오히려 자신의 존재를 알릴 절호의 기회인데 이를 낭비하면 아깝다는 생각에 회식 자리에 적극적으로 참여하는 사람이 많다.

모두가 즐거운 회식 자리 만들기

회식 자리를 가질 때는 서로를 배려하는 마음이 필요하다. 회식은 대부분 저녁 시간에 이루어진다. 이 경우 육아로 바쁜 동료들은 참가하기가 쉽지 않다. 또 술을 마시지 못하는 사람, 담배를 피우지 않는 사람도 있으니 꼭 술집을 고집할 필요도 없다.

요즘은 재택근무, 원격 근무 등 사무실 밖에서 일하는 사람도 늘어나는 추세라 회사에 다 같이 모여 회식 장소로 이동할 이유도 없다. 각자 편한 곳에서 회식 장소로 찾아가면 된다.

곰곰이 생각해 보면 회식의 목적은 음주가 아니다. 주된 목적은 깊은 대화를 나누고 같은 장소에서 서로의 체험을 공유하며 관계를 더 발전시키는 것이다.

사무실 밖에서 갖는 모임이나 이벤트를 꼭 술자리로 연결 지을 필요는 없다. 회식의 목적은 어디까지나 같은 장소에 모여다 함께 깊은 대화를 나누는 일이다. 이 목적에 부합하려면 모두가 참가하기 쉬운 방식으로 회식 문화를 바꿔야 한다.

이제껏 배타적이고 폐쇄적인 회식 자리를 가졌다면 지금부터는 수용적이고 개방적인 회식 자리를 만들어 보자. 예를 들어 담배 피우는 남성들이 많이 찾는 술집보다는 비흡연석이 마련되어 있고 음료의 종류가 다양한 가게를 선택해 보면 어떨까.

또 시간에 구애받지 않는 점심시간을 활용하는 방법도 있다. 먹고 마시는 일을 중심으로 잡지 말고 다른 목적을 겸하는 것도 좋다.

우리 회사에서 주최하는 송년 파티는 음식을 먹으면서 볼링도 칠 수 있는 시내의 볼링장에서 열린다. 자유롭게 움직이면서 커뮤니케이션할 수 있도록 고안한 방법이지만 한편으로는 술을 마시지 않는 사람들도 즐겁게 참가할 수 있도록 기획한 것이다.

하버드 비즈니스 스쿨에 다닐 때도 클래스메이트들과 파티나 이벤트를 자주 열었다. 매주 금요일 저녁이면 사람들과 어울리기를 좋아하는 한 친구가 하버드 스퀘어 역 앞에 있는 바에서 맥주를 마시는 모임을 만들었다.

하버드 대학교 교수의 아들도 있었는데 보스턴에 있는 자기 집에서 홈파티를 자주 열었다. 또한 유학생 중에는 가족들과 함께 미국으로 온 경우도 많아서 이들을 배려해 아이들이 놀 수 있는 장소를 잡아 낮에 바비큐 파티를 벌였던 기억도 있다.

하버드 비즈니스 스쿨에서는 이벤트나 파티가 워낙 자주 있었기 때문에 모든 자리에 참석하기란 불가능했다. 그래서 참가자들이 누구인지, 모임의 목적은 무엇인지 등을 보고 상황에 맞춰 적당한 모임을 골라서 참가하곤 했다.

어떤 모임에도 강제성은 없었다. 참가하든 하지 않든 모든 선택은 개인의 자유였다. 모임에 자주 참석하지 않는 사람을 비난하는 분위기도 전혀 없었다.

모임에 참석하면 친구들과 더 친해지고 마음을 나눌 수 있었다. 또 새로운 친구를 사귈 기회도 많았다. 참가하지 않아도 상관없었지만 참여하면 할수록 친구도 늘어나고 여러 가지 이야기를 들을 수 있어서 좋았다.

회식은 직원들 간의 유대 관계를 공고히 해준다는 의미에서 회사나 조직에 유용한 이벤트다. 따라서 회식할 때는 최대한

머리를 맞대서 모두가 부담 없이 참가하고 커뮤니케이션할 수 있도록 개방적이고 수용적인 자리가 되어야 한다. 기왕이면 다양한 방식을 시도해서 색다른 재미를 추구해 보자.

회식의 버전이 다양해야 참가자들이 부담 없이 자신의 상황이나 목적에 맞춰 참여할 수 있다. 사내 모임을 기획해야 한다면 회식의 본질과 긍정적인 측면을 고려해서 모두가 함께 즐길 수 있는 자리가 되도록 궁리해 보자.

15

사적 영역은
침범하지 않는다

하버드 비즈니스 스쿨에 다닐 때 캠퍼스에 있는 내 방으로 클래스메이트를 초대해 파티를 자주 열었다. 파티에서는 각 나라의 문화나 습관에 관한 대화가 자주 오갔고 때로는 전통술을 꺼내 마시며 분위기를 내기도 했다.

외국에서는 주말에 홈파티를 자주 연다. 서로의 집에 초대해 요리를 대접하거나 바비큐를 해 먹으며 가족 단위로 어울리는 일이 잦다. 외국 사람들이 홈파티를 즐기는 이유는 무엇일까. 이는 친밀도를 나타내는 기준이 우리와 다르기 때문이다.

외국인들은 서로에게 자신의 가족을 소개했을 때 진심으로 가까워진 사이라고 느낀다. 그래서 홈파티에 배우자를 데리고 가거나 친구들을 집으로 초대해 가족을 소개하는 것이다. 서로의 가족을 알게 되면 '우리는 가족들까지도 함께 어울릴 만큼 친한 사이'라는 의식이 생겨 난다고 한다. 이처럼 **유럽과 미국에서는 인간관계를 구축하는 데 있어서 홈파티가 중요한 이벤트 중 하나다.**

외국인은 겸양적 표현을 이해하지 못한다

홈파티에 가면 주의해야 할 사항이 있다. 절대 자신의 가족을 낮춰서 말하면 안 된다는 점이다. 일본에는 '우처愚妻'라는 표현이 있다. 말하는 이가 자기 아내를 낮춰 이르는 말로 영어로 직역하면 'Stupid Wife(멍청한 아내)'가 된다. 물론 실제로 자신의 아내를 이렇게 부르는 사람은 아마 없을 것이다.

다만 '우처'라는 표현 안에 담긴 겸양어의 개념은 살펴봐야 한다. 일본을 비롯한 동양에서는 외부 사람을 만나면 자신과 가까운 내부 사람을 낮춰 말하는 것이 예의라고 여긴다. 일부러 내부 사람을 놀리거나 흉보면서 상대방을 높여 주는 문화다.

하지만 영어에는 존경어와 겸양어를 외부나 내부로 구분해서 쓰는 개념 자체가 없다. 겸손의 의미로 내부 사람을 놀리는 문화는 더욱 이해하지 못한다.

따라서 상대를 높여 주려는 의도로 가까운 가족을 낮춰 말해서는 안 되며 가족에 대해 부정적으로 말해서도 안 된다. 가족을 부정적으로 말하면 이를 겸양의 의미로 받아들이기는커녕 그 사람의 인격 자체를 의심한다.

분위기를 띄우려는 마음에서 농담 삼아 가족을 험담하는 일도 피해야 한다. 어떠한 경우에라도 가족에 대한 부정적인 멘트는 하지 말자. 외국에서 홈파티에 참여할 기회가 생긴다면 이 점만은 꼭 염두에 두어야 한다.

나이, 사는 곳은 묻지 않는 것이 예의

미국 사회에는 개인의 차이를 인정하고 존중해 주는 문화가 있어서 출신지나 배경에 관해 서로 거리낌 없이 질문한다. 다양한 인종으로 구성된 나라이기 때문에 "아버지와 어머니는 어느 나라 출신인가요?"처럼 인종에 관한 질문도 자주 받는다. 사람들의 출신지와 배경이 모두 다를 수 있다는 점이 전제된 사회이기 때문에 서슴없이 묻고 답하는 분위기다.

하지만 개인의 차이를 존중한다고 해서 아무 질문이나 해도 된다는 뜻은 아니다. 특히 비즈니스 세계에서는 해도 되는 질문과 하면 안 되는 질문이 분명하게 구분되어 있다.

예를 들면 가족이나 배우자에 관한 질문은 삼가는 편이 좋다. 결혼은 했는지, 아이는 있는지, 만나는 사람이 있는지, 연애 상대는 남성인지 여성인지 등과 같은 질문은 상대가 먼저 이야기를 꺼내기 전까지는 묻지 않는 것이 예의다.

가족이나 배우자에 관한 질문이 예외적으로 허용되는 경우는 책상 위에 가족사진이 놓여 있을 때처럼 이미 정보가 공개된 상황에 한해서다. 화목한 가족사진이 눈에 띄면 "따님이세요?"와 같은 질문을 해도 실례가 되지 않는다.

개인적인 이야기는 조심스럽게

사는 곳에 관한 질문도 삼가야 한다. 사는 곳은 그 사람의 생활 수준이 여실히 드러나기 때문이다. 연 소득이 높은 사람은 저소득층이 몰려 있는 동네에서는 살지 않는다. 반대도 마찬가지다. 어디 사느냐는 질문은 연봉이 어느 정도 되느냐는 질문과 같기 때문에 피해야 한다.

나이에 관한 질문도 하지 말아야 한다. 외국에서는 '졸업 후 취직'과 같은 수순으로 사회에 진출하는 문화는 찾아보기 어렵다. 딱히 취업 시즌이랄 것도 없어서 나이와 경력이 제각각인 사람들이 회사에 들어온다.

이러한 환경에서는 나이와 업무 능력이 상관관계가 없다. 따라서 대화 중에 자연스럽게 나이에 관한 이야기가 나오지 않는 이상 나이를 묻는 것은 사적 영역을 침범한다는 인상을 준다. 특히 상대가 이성일 경우에는 더욱 조심해야 한다.

The 38 Routines of

The World's Leading

Entrepreneurs

chapter 3

함께 일하고 싶은
동료가 되는 법

원만한 사내관계를 위한 그들의 태도

16

명함 없이도 자신의 존재감을 드러내는 사소한 습관

외국에서 일하다 보면 처음 만나는 거래처 사람과 어떻게 신뢰 관계를 쌓아야 할지 몰라 난감할 때가 많다. 일단 말이 잘 통하지 않는다. 아무리 영어를 잘한다 해도 모국어처럼 완벽하게 대화를 나누기 어렵기 때문이다.

게다가 서양인에 비해 우리는 체구도 작고 실제 나이보다 어려 보여 상대방에게 믿음직스럽지 못하다는 인상을 준다. 그래서 명함을 보여 주기 전까지는 담당자로서 제대로 인정받지 못하는 경우도 있다. 첫인상이 단점으로도 작용할 수 있기에 이를 어떻게 극복해야 할지 난감할 때가 많다.

일본의 대기업에서 일하는 친구가 있다. 한번은 해외에서 열리는 전시회 건으로 거래처와 미팅을 하게 되었다고 한다. 그런데 미팅 자리에 나가자 상대방의 반응이 뜨뜻미지근했다. 누가 봐도 '아니 어떻게 이렇게 젊은 직원이 나왔지?'라는 표정으로 친구를 대하며 형식적인 대답만 했다.

하지만 명함을 건넨 순간 태도가 싹 달라졌다고 한다. 그가 중요한 업무를 맡고 있는 사람임을 그제야 알게 된 것이다. 이러한 난감한 상황을 피하기 위해서라도 매 순간 자신의 존재감이 돋보이도록 노력할 필요가 있다.

명함 없이도 자신의 존재감을 드러내야만 하는 이유가 하나 더 있다. **외국에서는 명함 교환을 우리나라만큼 중요하게 생각하지 않는다.**

명함을 가지고 다니지 않는 사람도 있고 가져왔더라도 미팅을 시작할 때가 아니라 끝내고 돌아가는 길에 교환하는 경우가 많다. 왜 처음부터 명함을 주고받지 않는지 의아하게 여길지도 모르겠지만, 사실 명함 없이 일하는 편이 단시간에 더 깊은 관계를 맺는 데 도움이 된다.

명함에 기대지 않고 일하는 습관이 붙으면 짧은 시간 안에 자신을 효과적으로 소개하는 방법을 연구하게 된다. 대화를 어떻게 끌고 가야 상대방이 내 일을 이해해 줄지 생각하면서 미팅 전부터 멘트를 준비하고 고민한다. 결과적으로 사람을 대할 때 집중력이 올라가고 적극적인 자세가 된다. 수동적으로 일하는 습관도 사라지게 된다.

악수를 청하면 호감도가 올라간다

비즈니스 상황에서 자신의 존재감을 돋보이려면 구체적으로 어떻게 해야 할까. 먼저 처음 인사할 때 강렬한 인상을 남기자. 특히 **악수를 청하면 자신의 존재감이 크게 올라간다.**

악수를 할 때는 일단 상대방의 눈을 똑바로 바라보며 미소 짓는다. 그다음 손을 내밀어서 상대의 손을 약 2초간 힘 있게 쥔다. 여성이라면 우아하게 악수하면서 부드러운 겉모습 속에 심지가 강하다는 점을 어필한다는 마음으로 악수해 보자. 첫 만남에서는 성이 아닌 이름을 알려 주면서 악수하는 것이 좋다.

그다음 중요한 포인트는 상대방의 이름을 머릿속에 넣은 뒤

소리 내어 말하면서 확인하는 일이다. 상대방의 이름을 정확하게 기억하는 것은 서로의 거리감을 좁히는 데 꼭 필요한 과정이다.

하버드 비즈니스 스쿨의 학생들은 다른 사람의 이름을 잘 외운다. 그들에게는 이름을 잘 외우는 비법이 있다. 바로 사람을 처음 만날 때 다음 세 가지 사항을 실천하는 것이다.

먼저 **처음 자기소개를 나눌 때 상대방의 이름을 소리 내어 말한다.** 말하면서 입과 귀로 상대방의 이름을 확인하는 것이다. **자기소개가 끝나면 곧바로 이름을 부르면서 질문을 한다.** "○○ 씨는 뉴욕 출신인가요?"처럼 말이다.

마지막으로 **헤어질 때** "○○ 씨, 오늘 감사했어요. 만나게 되어 정말 기쁘네요. 다음에 또 만나요."와 같이 **이름을 부르면서 인사한다.**

상대방의 이름을 세 번이나 소리 내어 말하면 자연스럽게 머릿속에 각인된다. 또 이름을 틀리게 말하면 그 자리에서 바로 잡을 수 있다. 발음이 어렵거나 읽기 어려운 이름일지라도 기억에 남는다.

자기소개의 기본 포맷을 준비해 두자

자기소개를 할 때는 회사 이름과 부서명, 자신이 다루는 상품이나 서비스의 종류만을 열거하지 않도록 주의해야 한다. 내가 운영하는 영어 학습 프로그램에서는 자기소개문을 쓰는 연습을 하는데 수강생들은 대부분 자신이 속한 회사와 부서 이름, 다루는 상품 등만을 나열할 때가 많다.

글로벌 비즈니스 세계에서는 자기소개를 할 때 회사 이름이 그리 큰 역할을 하지 않는다. '어느 회사의 누구입니다'로 끝나는 자기소개는 아무 의미가 없다. 내가 어떤 지식을 가지고 있으며 현재 어떤 업무를 맡고 있는지 또 나의 강점은 무엇이고 일할 때는 어떠한 자세로 임하는지 등을 자신만의 언어를 사용해 매력적으로 어필해야 비즈니스맨으로서 상대방에게 신뢰감을 줄 수 있다.

글로벌 환경에서는 자기소개에 어떤 내용이 들어가야 상대방이 매력적으로 느낄까. 처음 만났을 때 하는 자기소개라면 ① 이름, ② 출신지, ③ 취미나 흥미, ④ 가족, ⑤ 회사 이름과 업무명, ⑥ 업무에 대한 구체적인 설명, ⑦ 일할 때의 마음가짐이나 자세 등을 꼽을 수 있다. 위 항목들을 '자기소개의 기본 포맷'으로 정해 두고 미리 준비해 두자.

회사 이름을 말할 때는 단순히 소속만 밝히지 말고 회사에서 자신이 어떠한 역할을 맡고 있는지를 구체적으로 설명해야 한다. 또 사적인 취미나 흥미 등을 덧붙이면 자신의 개성까지 드러낼 수 있다.

평소 직장에서 다른 사람을 대할 때도 명함에 기대지 않으려는 자세가 필요하다. 이러한 의식 전환은 일의 성과와도 직결된다. 명함에 쓰여 있는 상대방의 직함이 아니라 그 사람의 개인적인 흥미에 대해서도 관심을 가져 보자. 명함을 교환한 다음에는 곧바로 업무 이야기로 들어가지 말고 잠시 개인적인 대화를 나누는 것이 좋다.

예를 들면 상대방의 출신지나 경력, 지금 하는 일에 대해서 물어보자. 사적인 대화를 잠깐만 나눠도 분위기가 밝아지고 대화가 술술 풀린다.

출신지와 국적이 다양한 하버드 비즈니스 스쿨의 학생이나 글로벌 회사의 비즈니스맨은 "Where are you from(어디 출신이세요)?"라는 질문을 수시로 받는다. 이 질문을 시작으로 그 나라는 어떤 곳인지, 무엇이 유명한지, 관광지는 어딘지 등을 물어보다가 지금 어떤 일을 하는지, 공부는 어떻게 하고 기술은 어떻게 익혔는지 등 대화의 범위를 점차 넓혀 갈 수 있다.

자신에게 흥미를 느끼며 다가오는 사람에게는 자연스럽게 관심과 호감을 품게 된다. 상대방을 '어느 회사의 부장, 누구누구'로 기억하지 말고 세상에 하나뿐인 유일무이한 존재로서 대하자. 여기에 자신을 매력적으로 소개하는 능력까지 갖춘다면 그 사람의 존재감과 인간적인 호감도는 크게 올라간다.

17 인사말에는 무조건 긍정적으로 대답한다

"수고하셨습니다."

우리는 하루에도 몇 번씩 이 말을 쓴다. 업무 중에 지나가는 사람과 우연히 마주쳤을 때도 상대방의 컨디션을 염려하며 이처럼 말한다. 함께 일하는 사람의 노고를 위로하는 아름다운 말이라 생각한다.

영어에는 "수고하셨습니다."와 정확하게 일치하는 말이 없다. 비슷한 표현을 꼽자면 "I hope you are doing well." 정도가 될 것이다. 직역하면 "잘하고 있기를 바라요."라는 의미가 된다.

"수고하셨습니다."와 "I hope you are doing well."은 전제 조건이 크게 다르다. "수고하셨습니다."는 "바쁘게 일하느라 힘들겠어요. 오늘도 고생이 많으세요."라는 뜻으로 상대방이 지쳐 있으리라 예상하며 걱정하는 마음을 전달하는 표현이다.

반면 "I hope you are doing well."은 "늘 에너지가 넘쳐서 보기 좋아요. 오늘도 잘하고 있네요."라는 뜻으로 상대방이 항상 긍정적으로 열심히 일하고 있다는 의미가 깔려 있다.

영어에서는 인사말을 전할 때 상대방이 긍정적인 상황임을 전제한다. 상대방이 지쳐 있으리라고는 생각하지 않는다. 그 차이를 모르고 외국에서 우리 식으로 인사말을 했다가는 자칫 부정적인 인상을 남길 수 있다.

평소 자주 내뱉는 말이 당신의 인상을 결정한다

하버드 비즈니스 스쿨에서 유학 생활을 할 때였다. 매일 아침 첫 수업 시간이면 교실 안에는 활기찬 "Good morning!" 소리가 여기저기서 울려 퍼진다. 교실에는 아침부터 에너지가 넘치고 오늘도 한 번 열심히 해보자는 긍정적인 기운으로 가득 찬다.

하루는 옆에 앉은 친구가 "How are you doing(잘 지내)?" 하고 인사말을 건넸는데 무심코 "I am tired and sleepy."라고 대답해 버렸다. 사실 말처럼 그렇게 피곤하지는 않았다. 그저 우리나라에서 친구끼리 흔히 하는 "완전 피곤해.", "아침부터 졸리다."는 투의 말을 별생각 없이 영어로 전했을 뿐이었다.

그런데 친구는 내 대답에 화들짝 놀라며 "괜찮아?" 하며 나를 걱정해 주었다.

그때 눈치를 채고 다음부터는 인사말의 뉘앙스를 바꿨어야 했는데 다음 날에도 깊이 생각하지 않고 같은 대답을 하고 말았다. 농담 반 진담 반의 어조로 분위기를 띄워 보려는 의도였는데 친구들은 나의 말을 꽤 심각하게 받아들였다.

그 무렵 나는 아침형 인간으로 생활하고 있었다. 매일 아침 일찍 일어나 예습을 하고 수업에 왔다. 나뿐만 아니라 다들 늦게까지 공부하거나 일찍 일어나 예습을 하고 왔을 테니 모두 졸리고 피곤하겠다는 생각에 다 같이 힘내 보자는 의미로 말한 것이었다.

하지만 내 대답에 다들 힘을 내기는커녕 분위기가 오히려 어두워졌다. 주변 친구들은 진심으로 내 상태를 걱정해 주었다. 별 뜻 없는 인사말 때문에 하마터면 부정적이고 기운 없는 사람으로 내 이미지가 굳어질 뻔했다. 그때부터는 부정적인 대답을 피하고 어떤 상황에서도 긍정적으로 반응하기 시작했다. 미국 사회에서는 지금 내 상황이 어떻든 일단 긍정적으로 반응해야 한다는 것을 깨닫게 해준 경험이었다.

골드만 삭스에서 함께 일했던 상사도 아침에 만나면 이런 인사말을 했다. 내가 "How are you doing?" 하고 물으면 "I am doing super(컨디션 최고야)!"라는 대답이 돌아왔다. 어떤 날에는 더 간결하게 줄여서 그냥 "Super!"라고 대답할 때도 있었다.

상사의 대답은 단순히 자신의 긍정성을 표현한 말이 아니었다. 자신의 긍정적이고 기운 넘치는 모습이 주위 사람들에게도 좋은 영향을 미치리라는 생각에 리더다운 자세를 보여 준 것이었다.

상사는 리더십을 발휘하려면 먼저 자신부터 긍정적인 자세를 가져야 한다고 생각했다. 상사의 생각은 틀리지 않았다. 피곤한 기색은 일절 내비치지 않는 상사 덕분에 나 역시 "그래 힘내자." 하고 마음을 다잡을 때가 많았다.

글로벌 환경에서 일할 때, 특히 영어를 쓰는 상황에서는 사람들의 인사말에 무조건 긍정적으로 반응해야 한다. 특별히 나쁜 일도 좋은 일도 없는 날이더라도 항상 기분이 최고라며 말해 보자. 나의 긍정적 기운이 다른 이에게도 분명히 전해질 것이다.

18 항상 큰 목소리로 말한다

흔히 겉모습보다는 내면이 중요하다고들 말한다. 우리는 어릴 때부터 "성격만 좋으면 됐지 얼굴이 무슨 상관이냐, 외모만 따지는 사람은 성숙하지 못하다."는 말을 들으며 자랐다.

하지만 **비즈니스 세계에서는 내면과 함께 겉모습도 매우 중요하다.** 제안서의 내용이 부실하면 아무리 그럴싸한 말로 꾸민다 해도 상대방의 마음을 움직이지 못한다.

반대로 오로지 내용만으로 승부를 보겠다는 야심 찬 계획도 비즈니스 세계에서는 성과로 이어지기 어렵다.

비즈니스에서는 '무엇을 말할지와 함께 어떻게 말할지'도 고민해야 한다. 제안 내용이 비슷비슷하다면 큰 소리로 당당하게 말하는 사람과 기어들어 가는 목소리로 소심하게 말하는 사람 중 어느 쪽을 택할까. 당연히 당당하게 말하는 사람의 손을 들어 줄 것이다.

발표 내용은 좋은데 말하는 사람이 쭈뼛거리면서 소심한 모습을 보이면 듣는 사람 입장에서는 제안 내용에 자신이 없는 건 아닌지, 뭔가 결정적인 문제점이 있는데 숨기려는 건 아닌지 하는 불필요한 의심을 품게 된다.

이처럼 내용은 탄탄한데 전달 방식에 문제가 있어서 낮은 점수를 받는다면 참으로 안타까운 일이다. 그러므로 내용이 좋을수록 전달 방식에 더욱더 큰 공을 들여야 한다.

목소리만 조금 높여도 신뢰감이 높아진다

어떻게 발표해야 듣는 이에게 신뢰감을 줄 수 있을까. 우선 서 있는 자세와 시선에 주의해야 한다. 서 있을 때는 믿음직스럽게 보이도록 가슴을 활짝 펴자. 시선은 상대방에게 위압감을 주지 않도록 청중을 골고루 바라보는 편이 좋다.

발성에도 주의해야 한다. 배에서부터 소리를 내서 큰 소리로 말하자. 어느 나라 말이든 발음은 정확하게 해야 한다. 영어에는 자음이 많기 때문에 강하게 숨을 내뱉듯이 말해야 발음이 분명해진다.

발음보다 더 주의해야 할 점은 목소리의 크기다. 외국에서는 목소리의 크기를 매우 중시한다. 미국에서는 보통 활동적이고 에너지가 넘치는 사람을 선호하기 때문에 목소리가 작고 말투가 미덥지 못한 사람은 비즈니스에서 불리하다.

아시아계의 비즈니스맨은 백인보다 체격이 작다 보니 일부러 굵고 낮은 톤으로 말해서 강인한 인상을 심어 주려는 사람이 많다.

실제로 전화 통화만 하다가 직접 만나 보니 강한 목소리와 달리 부드러운 인상을 지닌 분이라서 놀랐던 적이 한두 번이 아니었다. 이처럼 목소리의 힘은 꽤 강력하다.

골드만 삭스에서 만난 상사들은 발표할 때면 모두 큰 목소리로 당당하게 말했다. 모국어가 아닌 영어로 발표할 때는 의식적으로 목소리를 더 크게 냈다.

현지인을 제대로 설득하기 위해서는 크고 분명하면서도 또 박또박 이야기하는 것이 중요하다는 판단에서였다. 영어로 말할 때는 성량을 한 단계 더 올려 말해야 한다는 것을 늘 의식하고 있었다.

나도 하버드 비즈니스 스쿨에서 유학 생활을 할 때 큰 목소리로 당당하게 말하는 연습을 자주 했다. 목소리를 크게 내면서 책을 읽기도 하고, 거울을 앞에 두고 영어로 말하면서 몸짓이 부자연스럽지는 않은지 확인했다. 외국인 친구들에게 부탁해서 내 목소리가 멀리서도 잘 들리는지 점검해 본 적도 있었다.

우리들은 의식적으로 목소리를 크게 내는 훈련을 하지 않으면 큰 목소리로 말하는 습관이 잘 생기지 않는다. 동양권 문화에서는 목소리를 크게 내는 경우가 많지 않기 때문이다. 평소에 의식적으로 큰 목소리로 당당하게 말하는 연습을 해보자.

프레젠테이션은 사전 준비를 철저히 하자

비즈니스에서 내용뿐 아니라 전달 방식이 매우 중요해지는 대목을 꼽자면 역시 프레젠테이션이다. 프레젠테이션을 할 때는 무엇보다 사전 준비가 철저해야 한다.

유럽이나 미국 사람들은 왜 프레젠테이션에 강할까. 그들은 어릴 때부터 사람들 앞에서 이야기할 기회가 많아 발표에 익숙하기 때문이다.

하버드 비즈니스 스쿨의 학장이었던 한 교수님은 초등학교 입학 전부터 교회를 다녀서 사람들 앞에 나가 성경을 암송할 일이 많았다고 한다. 교회가 아니더라도 미국 학교에서는 클래스메이트 앞에서 발표할 기회가 많다.

외국 사람들은 어릴 때부터 많은 사람 앞에 서는 경험을 차곡차곡 쌓는다. 그에 비해 우리는 학교에서든 사회에서든 남들 앞에 나설 일이 그리 많지 않다. 우리가 그들보다 프레젠테이션에 약할 수밖에 없는 이유다. 그러므로 프레젠테이션 준비에 더 많은 노력을 기울여야 한다.

존경하는 한 상사는 후배들에게 '프레젠테이션은 곧 준비'라고 가르쳤다. 스무 곳이 넘는 회사가 참여하는 대형 경쟁 프레젠테이션을 앞두었을 때는 리허설에 엄청난 공을 들였다. 상사가 이끄는 팀의 프레젠테이션 승률은 회사 내에서도 압도적으

로 높았다.

상사는 경쟁 프레젠테이션이 잡히면 우선 팀원들과 함께 발표문과 예상 질문지를 작성했다. 문장 하나 단어 하나까지도 꼼꼼하게 검토하고, 어디서 구체적인 예를 들면 좋을지 또 결론은 어떤 식으로 말할지 세밀하게 구성을 짰다.

뿐만 아니라 누가 어디서 말하고 어느 시점에 빠질지도 진지하게 고민해서 미리 정해 두었다. 디테일한 부분까지 놓치지 않고 완벽을 기하기 위해서였다. 몇 번이나 리허설을 반복하면서 내용을 수정하고 완성도를 높였다.

상사가 기획하는 프레젠테이션은 화려한 몸짓과 손짓이 더해진 애드리브를 활용하는 퍼포먼스보다는 직구를 던지는 쪽이었다.

한편으로는 너무 바른길만 가다 보니 때로는 지루하다는 인상을 주기도 했다. 하지만 프레젠테이션의 완성도만큼은 누구에게도 뒤지지 않았다.

프레젠테이션에서는 제안 내용이 훌륭해야 하는 건 기본이고 여기에 못지않게 전달 방식도 중요하다는 점을 그 상사에게 배웠다.

비즈니스를 할 때는 내용만으로 승부하지 말고 전달 방식에도 공을 들여야 한다. 좋은 프레젠테이션은 철저한 사전 준비에 달려 있다. 준비가 완벽한 프레젠테이션은 곧 성과로 이어진다.

19

옷차림은
전략적으로
선택한다

골드만 삭스와 맥킨지의 해외 사무실에 가 보면 직원들이 항상 깔끔한 옷을 입고 있다. 모두 비슷한 옷차림을 하고 있어서 지나치게 단조롭고 지루하게 느껴지기도 한다.

예전에 금융이나 컨설팅 업계에서는 어두운 계열의 정장을 입는 사람이 많았는데 요즘은 캐주얼 복장으로 출근하는 사람이 늘고 있다. 칼라가 달린 긴소매 셔츠에 면바지를 입고 캐주얼한 가죽 구두를 매치한 스타일이다. 클라이언트와 만나는 날에는 방문하는 회사 분위기에 어울리는 정장이나 재킷을 착용한다.

골드만 삭스나 맥킨지의 직원들이 항상 깔끔한 복장을 추구하는 이유는 뭘까. 단정한 복장이 비즈니스에 좋은 영향을 미친다고 생각하기 때문이다.

신뢰감을 주는 옷차림

투자 은행가나 컨설턴트는 클라이언트의 경영진과 이야기할 기회가 많다. 경영진이 거래처 사원에게 바라는 모습은 개성적인 외향보다는 신뢰감을 주는 인상이다. 그래서 직원들은 화려한 패션보다는 평범하긴 하지만 안정감을 주는 옷을 선택한다. 단정한 복장은 클라이언트의 신뢰를 얻는 데 도움이 되고 결과적으로 일도 잘 풀린다.

사내에서도 마찬가지다. 단정하고 깔끔하게 옷을 입으면 서로 기분 좋게 일할 수 있고 팀원들에게도 신뢰를 준다.

대체로 금융이나 컨설팅업계에서는 정장이나 스마트 캐주얼 복장을 선호하지만 다른 업계에서는 회사의 분위기에 맞춰 요구하는 옷차림이 달라지기도 한다.

창의성이 중시되는 업계에서는

미국 서부에 있는 IT 기업이라면 정장 차림은 오히려 감점 요소가 된다. 애플의 잡스는 언제 어디서나 검은색 터틀넥 스웨터와 청바지를 입었다. 똑같은 옷을 몇 벌이나 가지고 있다는 이야기는 워낙 유명해서 모르는 사람이 없을 정도다.

잡스의 패션은 본인의 취향이라기보다 애플의 브랜드 전략 가운데 하나였다. 정장 차림은 스타일과 놀이를 중시하는 애플 제품의 특징과 맞지 않는다.

잡스는 심플하면서도 지적인 옷차림으로 애플 브랜드의 특징을 몸소 보여 주었다. 창의성이 중시되는 업계에서는 이에 맞는 옷차림을 할 필요가 있다.

페이스북의 창업자 마크 저커버그Mark Elliot Zuckerberg의 후드티도 마찬가지다. 어깨의 힘을 적당히 뺀 후드티 차림은 캐주얼하면서도 자유로운 페이스북의 기업 분위기를 드러낸다. 이렇게 전달된 기업 이미지는 타깃 소비자층의 관심을 불러 모은다.

업계에 따라서 어울리는 복장은 달라지지만 어디에나 통용되는 것이 있다. 바로 비즈니스에 미치는 영향을 고려하여 성과를 내는 데 도움이 되는 복장을 선택해야 한다는 점이다. 옷차림을 결정할 때는 고객들이 공감할 수 있는지, 회사의 목표나 이미지와 부합하는지를 따져 봐야 한다.

해외 출장에는 단정한 옷차림을 고르자

서양인에 비해 우리는 체격이 작고 어려 보여 미덥지 못한 인상을 풍긴다. 그래서 **해외 출장을 갈 때면 옷차림에 더 신경 써야 한다.**

　나는 해외 출장을 갈 때 단정한 옷을 입는다. 자유로운 복장이 허용되는 곳이라도 청바지보다는 면바지를, 티셔츠보다는 칼라가 달린 셔츠나 폴로 셔츠를 고른다.

　미국 출장이라고 해서 실리콘밸리의 자유로운 분위기를 의식해 지나치게 캐주얼한 옷을 입으면 실제 나이보다 더 어리게 보일 수 있다. 너무 어려 보이면 비즈니스에 악영향을 미친다. 외국에 가면 아시아인들은 자기 나이보다 다섯 살에서 많게는 열 살까지 어려 보인다는 점을 염두에 두고 복장을 선택하자.

The 38 Routines of The World's Leading Entrepreneurs

20

약속은
출근시간 전으로
잡는다

해외 출장을 떠날 때면 가슴이 설렌다. 현지에 있는 친구와 지인들을 만날 수 있기 때문이다. 업무차 떠나는 출장이지만 쉽게 찾아오지 않는 기회인 만큼 몇 년에 한 번 볼까 말까 한 친구들과의 약속을 일정 중에 가득 채워 넣는다.

주로 만나는 상대는 골드만 삭스나 맥킨지에서 같이 일했던 동기들이나 옛 동료, 하버드 비즈니스 스쿨의 클래스메이트들이다. 오랜만에 만나 근황을 듣고 이런저런 정보를 교환하면서 정신없이 수다를 떤다.

각자의 일과 가족들의 상황이 예전과는 많이 달라지다 보니 서로의 근황을 들을 때면 시간 가는 줄 모를 정도다. 일 때문에 긴장했던 몸과 마음이 풀어지고 생기를 되찾는다.

또한 친구들과 보내는 즐거운 시간을 통해 현지인들의 생생한 소식과 정보도 들을 수 있다. 현지의 분위기를 알게 되고 신선한 자극을 받으며 새로운 관점을 접하기도 한다. 때로는 동기부여가 되는 정보까지 얻을 수 있어 친구들과의 만남은 정말로 귀중하다.

짧지만 알차게 이야기를 나눌 수 있는 아침 미팅

오랜만에 만나자는 연락을 하면 '아침을 같이 먹자'는 대답이 제일 많이 돌아온다. 그들이 말하는 아침은 나이프와 포크를 쥐고 먹는 든든한 한 끼를 의미하지 않는다. 커피를 마시며 블루베리나 바나나, 머핀, 베이글 등을 간단히 먹는 자리다.

예전에 실리콘 밸리에 출장을 갔을 때는 그곳 IT 기업에서 일하는 미국인 동료와 공항 스타벅스에서 만났다. 1년 전 베이징에 갔을 때는 하버드 비즈니스 스쿨의 클래스메이트였던 중국인 기업가와 호텔 옆 카페에서 담소를 나눴다.

글로벌 인재들은 아침 시간을 활용하여 정보 교환을 한다. 점심이나 저녁보다 간단하게 먹을 수 있고 짧은 시간 동안 효율적으로 이야기할 수 있기 때문이다. 아침에 하는 전화 회의를 선호하는 것도 같은 이유에서다.

점심이나 저녁에는 없는 아침의 장점 5가지

나 역시 조식 미팅을 좋아한다. 해외 출장 때만이 아니라 국내에서도 조식 시간을 활용하여 정보를 교환할 때가 많다. 아침에 만나 이야기를 나누면 어떤 점이 좋을까.

우선 상대방을 불러 내기가 쉽다. 아침에 일어나서 아무것도 먹지 않는 사람은 별로 없다. 물론 사람에 따라 제대로 갖추어 먹기도 하고 커피 한잔으로 끝내기도 하지만 어쨌든 아침에 일어나면 무언가를 먹거나 마시기 때문에 그 시간을 활용할 수 있다.

조식은 장소와 시간을 정하기도 쉽다. 밤에 하는 회식은 아무래도 확인해야 할 사항이 많다. 전후 일정이나 음식의 종류, 음주 여부 등을 꼼꼼히 체크해야 하기 때문이다.

아침은 부수적인 사항에 신경 쓸 필요가 없다. 상대방의 사무실이나 호텔 위치를 확인한 뒤 "그럼 7시에 근처 스타벅스에서 기다릴게요." 하고 전하면 끝이다.

시간을 많이 뺏지 않는다는 것도 큰 장점이다. 아침 식사 후에는 모두 다음 일정이 있기 때문에 미팅 시간이 그리 길지 않다. 커피나 빵은 주문하고 먹는 데 시간이 많이 들지 않아서 만나면 바로 이야기를 시작할 수 있다. 대략 30분에서 1시간 정도면 충분하다.

점심이나 저녁은 요리가 나오기까지 시간이 좀 걸려서 30분이나 1시간 정도로는 자리를 정리하기가 어렵다. 밤 시간이 비어 있다 해도 서로 클라이언트와의 회식이나 중요한 일정이 갑자기 잡힐 수도 있어서 되도록 피하는 편이다. 간단한 정보 교환이나 근황을 묻는 일에 상대방을 장시간 붙잡아 두기도 미안하다.

조식 시간을 활용하면 좋은 점이 또 있다. **아침에 일정을 잡아 두면 집에서 일찍 나오기 때문에 차가 막히는 출근 시간을**

피할 수 있다. 이동 시간도 절약되고 기분도 상쾌해진다. 저녁형 라이프 스타일을 바꾸고 싶다면 종종 아침에 사람들과 만나 보자. 자연스럽게 아침형 인간으로 바뀌게 될 것이다.

졸린 눈을 비비며 집에서 혼자 커피를 마시던 시간을 친구나 지인과의 수다 시간으로 채워 보자. 몸과 마음에 생기가 돌고 업무에도 좋은 영향을 미친다.

21

낯선 사람들과의
만남은
곧 새로운 기회

비스니스맨들은 사교 활동을 위해 골프 모임을 자주 갖는다. 해외 비즈니스맨 중에서는 피트니스 센터에서 스쿼시나 운동을 하면서 인맥을 쌓는 사람도 많다.

하버드 비즈니스 스쿨에 다니던 시절 나도 근처 골프장을 자주 찾았다. 보스턴 근교의 골프장 요금은 시간대별로 할인되어 아주 합리적이었다. 특히 아침 시간의 경우 가격이 매우 저렴해서 그때 당시 1회 9홀을 도는 데 약 18달러 정도면 충분했다.

아침 일찍 골프장을 찾는 데는 가격 말고도 다른 이유가 있었다. 아침에는 나처럼 혼자 온 손님이 많아서 그들과 금방 친해질 수 있기 때문이었다. 골프는 여러 사람이 함께 쳐야 재밌는 운동이다. 혼자 온 사람들끼리는 금방 친해지고 자연스럽게 함께 골프를 친다. 라운드 중 대화가 잘 통하면 서로 연락처를 교환해서 다음에 또 함께 골프를 치자며 약속을 잡는다.

골프장에서 알게 된 사람들은 대개 보스턴 근교의 대학 교수나 로펌에 다니는 변호사들이었다. 소위 엘리트층이라고 불리는 이들이 많았다. 그들은 보통 다정했고 관용적이어서 외국인이었던 나를 골프 동료로서 스스럼없이 받아 주었다. 아직도 연락을 주고받는 사람이 있을 정도다.

국내에서만 생활하다 보면 내가 어느 나라 사람인지 의식할 일이 별로 없다. 하지만 외국에 나가면 내가 남들과는 다른 존재임을 여실히 느낀다.

글로벌 엘리트층의 사람들은 이질적인 존재임이 분명했던 나를 왜 거리낌 없이 받아 주었을까. 글로벌 환경에서는 다른 배경을 지닌 사람들과 인연을 맺는 것이 자연스럽기 때문이다. 이곳에서는 서로 다르다는 사실이 이미 전제되어 있다. 존재의 동질성보다는 자신을 어떻게 표현하고 존재감을 발휘하는가를 더 중요하게 여긴다.

새로운 세계와의 만남을 즐겨라

또한 나와는 다른 사람과의 만남이 자신에게 긍정적인 영향을 미칠 것이라 믿는다. 이질적인 사람과 만났을 때 얻게 되는 놀라움과 새로운 발견을 즐긴다. 자신의 무리 안으로 다른 사람을 적극적으로 초대할 수 있는 마음의 여유도 있다.

낯선 존재와의 새로운 인연이 자신을 미지의 세계로 데려다준다고 믿는다. 어릴 때부터 교육과 경험을 통해 새로운 인연이 만들어 주는 여러 가지 이점을 인지하고 있기 때문이다.

비슷한 사람들과 함께 있으면 마음이 편안해진다. 대신 자극을 받거나 변화가 일어나기는 힘들다. 낯선 사람들과 자주 만나고 교류했다면 자신과 비슷한 사람들하고만 어울렸을 때의 단점을 잘 알고 있을 것이다.

이질적인 존재와의 만남은 귀중한 경험이다. 새로운 사람과의 인연은 새로운 가치관과 아이디어를 창출하는 계기가 된다. 나와는 다른 사람과의 만남을 즐겨야만 비로소 생각지도 못했던 새로운 세계가 열린다.

22

글로벌 인재들과 대화할 때 유용한 화젯거리

"파스타에는 쇼트 파스타와 롱 파스타가 있어. 알지?"

하버드 비즈니스 스쿨의 클래스메이트들과 식당에 갔을 때 이탈리아인 유학생이 파스타에 대해 설명한 적이 있다.

나는 파스타에 대해 잘 알지도 못하고 미식가도 아니었지만 파스타에는 마카로니와 펜네로 대표되는 쇼트 파스타와, 스파게티와 페투치니와 같은 롱 파스타가 있다는 정도는 알고 있었다.

"그 정도는 나도 알아." 하고 대답할 뻔했지만 진지하게 설명하는 친구에게 찬물을 끼얹고 싶지 않아서 잠자코 말을 들어주었다. 이탈리아인 친구는 왜 누구나 알 법한 이야기를 애써 설명했을까.

자국에 대해 많이 알수록 긍정적으로 인정받는다

글로벌 인재들은 자국에 대한 지식을 중요하게 생각한다. 여러 나라에 관해 폭넓게 알기보다 자신이 태어나고 자란 나라에 대해 깊이 이해하는 것을 우선시한다.

미국인이라면 미국에 대해, 이탈리아인이라면 이탈리아에 대해 당연히 많이 알고 있다고 생각한다. 만약 자국에 대한 지식과 정보가 부족하면 교양 없는 사람으로 여긴다.

자국에 대한 지식을 중요하게 여기는 이유는 글로벌 환경에서는 다양한 민족과 인종의 사람이 한데 모이기 때문이다. 일본에는 같은 인종인 경우가 많아서 개개인의 배경에 대해 굳이 말하지 않아도 짐작이 가능하다.

반면 세계 여러 나라 사람이 모이는 환경에서는 서로의 나라와 문화적 특징에 대해 다 알기란 힘들다. 그래서 각자의 나라에 관해 일단 모른다는 전제하에 대화를 시작한다. 상대방이 자국에 관한 지식이 풍부해 새롭고 재밌는 정보를 많이 알려 주면 그 사람을 긍정적으로 평가한다.

자국의 문화나 사회현상에 관해 틈틈이 공부해 두자

하버드 비즈니스 스쿨에서는 내가 와인이나 오페라 등 서양 문화에 정통하지 않아도 이상하게 보는 사람은 없다. 오히려 모국에 대해 잘 모르면 의외라고 생각했다.

하버드 비즈니스 스쿨의 수업에는 한 클래스당 90명이 참여하는데 일본인이 드물었다. 수업 중에 일본에 관한 의문이 생길 때면 모두 당연하다는 듯이 나를 쳐다봤다.

그때 속 시원한 대답을 내놓지 못하면 **자국에 대해 잘 알지 못하는 교양 없는 사람**으로 평가받기 십상이었다. 그래서 자국에 대한 지식이 부족한 사람이 되지 않으려면 무조건 예습을 해 가야 했다.

한번은 고도의 경제 성장기를 주제로 한 케이스 연구를 진행했는데, 특히 일본이 전쟁 후의 폐허에서 발빠른 경제 성장을 이룬 요인이 무엇인지 토론이 오갈 예정이었다. 그때 나는 전쟁 후 우리나라의 금융이나 경제 상황, 사회 보장 시스템 등에 대해 꿰뚫고 가야만 했다.

사실 나도 일본의 경제 성장에 관해 자세히 알지는 못했다. 하지만 다들 내가 일본인이라는 이유로 누구보다 잘 알고 있으리라 여겼다. 하는 수 없이 예습을 열심히 해 갔다. 수업 준비를 하면서 학교 다닐 때 좀 열심히 공부할 걸 하는 후회마저 들었다.

"불교는 어떻게 들어오게 된 거야?"

한번은 해외에 있는 지인이 이렇게 물은 적이 있었다. 순간 말문이 막혀 참 부끄러웠던 기억이 난다.

질문에 제대로 답을 하지 못한 건 언어 문제 때문은 아니었다. 애초에 불교의 전파 과정에 관한 역사적 배경에 대해서는 잘 몰랐다. 결국 나의 교양이 부족한 탓이었다.

자국의 문화나 사회현상에 관해 외국 사람들도 잘 이해할 수 있도록 설명이 가능한지 자신의 교양 수준을 점검해 보자. 존재 여부나 이름은 알고 있어도 그에 대한 자세한 배경지식은 모르는 경우가 의외로 많다.

평소에 자국의 문화나 문화 현상에 대해 틈틈이 공부하고 영어로 간단하게 설명할 수 있도록 준비해 두자. 분명 글로벌 환경에서 일할 때 틀림없이 큰 도움이 될 것이다.

The 38 Routines of
The World's Leading
Entrepreneurs

chapter 4

영어 공부는 영어가 모국어가 아닌 사람들과 한다

진짜 업무에 써먹기 위한 영어 공부법

23 영어 공부의 목표부터 다시 설정하라

영어 공부를 시작할 때면 원어민처럼 영어를 잘하게 되기를 바란다. 원어민의 유창한 영어는 듣다 보면 나도 모르게 빠져들 만큼 매력적으로 느껴지기 때문이다.

하지만 영어가 모국어가 아닌 사람이 원어민처럼 영어를 잘하기란 어렵다. 원어민만큼 영어를 잘하겠다는 목표는 애초에 달성하기가 힘들다. 차라리 영어 공부를 시작할 때부터 원어민처럼 되기는 어렵다는 것을 받아들이는 편이 현명하다.

이제 우리는 영어 공부의 목표를 다르게 잡아야 한다. 우리에게는 우리만의 특징과 강점을 살린, 존재감을 빛나게 해주는 영어 실력이 필요하다. 지금부터는 '**명확하면서도 논리적인 의견을 쉬운 표현으로 당당하게**' 말하는 데 초점을 맞춰서 영어 공부를 하자.

발음과 억양보다 중요한 것이 있다

골드만 삭스에서 함께 일했던 상사를 보면서 꼭 원어민처럼 영어를 잘할 필요는 없다는 걸 깨달았다. 그 상사는 어렸을 때 외국에서 살았거나 공부한 적이 없었다. 일본에서 태어나 학교를 졸업하고 직장을 다녔던 평범한 사람이었다. 본격적으로 영어 공부를 시작한 건 이십 대가 넘어서였고 서른 살이 됐을 무렵 처음 유학을 다녀왔다. 상사에게도 영어는 낯선 외국어일 뿐이었다.

상사의 영어 실력은 그리 유창하지 않았다. 그런데도 상사가 영어로 말할 때면 주위 사람을 압도할 만큼 존재감이 커졌다. 상사는 명확하고도 논리적인 의견을 매우 쉬운 표현으로 말할 줄 알았다.

큰 목소리로 또박또박 천천히 말하는 모습에서 당당함이 묻어났다. 우리는 영어 공부의 목표를 바로 이 상사의 모습에서 찾아야 한다.

내가 운영하는 영어 학습 프로그램에서는 수강생들이 영어 공부의 목표를 재설정할 수 있도록 사전 특강을 한다. 수강생들은 일본의 비즈니스 리더 두 명의 영어 인터뷰 영상을 비교해 본다.

첫 번째 영상은 어느 대기업의 대표를 맡았던 분의 인터뷰다. 이분은 해외에서 오랫동안 생활해서 영어 실력이 출중하다. 어려운 영어 단어를 섞어 마치 현지인처럼 유창한 발음으로 빠르게 말을 이어 나간다.

하지만 가만히 그의 인터뷰 내용을 들어 보면 이야기의 결론이 불분명하고 이를 뒷받침하는 근거가 빈약하다는 사실을 알 수 있다.

두 번째 영상은 소프트뱅크 그룹의 대표가 미국의 어느 인터뷰 프로그램에 출연한 장면이다. 영상 속의 진행자는 빠르게 질문을 던지면서 대표를 몰아세운다.

하지만 소프트 뱅크 그룹의 대표는 진행자의 속도에 절대 휘

말리지 않으면서 충분한 시간을 갖고 여유롭게 생각한 뒤 쉬운 표현을 사용해서 천천히 이야기한다.

영어 실력으로 따지자면 그리 유창한 편은 아니었지만 명확한 의견과 탄탄한 근거가 뒷받침된 훌륭한 인터뷰였다. 논리적인 사고로 의사 표현을 정확하게 하고 자기주장을 펼치는 데 탁월했다.

자신의 의견을 완결성 있게 전달하는 것을 목표로 한다

비즈니스 영어에서는 무엇을 말하고 있는지, 즉 이야기의 핵심이 제일 중요하다. 발음이나 단어 선택 등의 영어의 기술적인 측면은 그다지 중요하지 않다.

비즈니스 세계에서 필요한 영어를 익히고 싶다면 먼저 '명확하면서도 논리적인 의견을 쉬운 표현으로 당당하게' 말할 줄 아는 능력을 키워야 한다.

영어 공부의 목표가 명확해진 수강생들은 이후 12주에 걸친 학습 프로그램에 들어간다. 마지막 날에는 클래스메이트와 강사 앞에서 영어로 프레젠테이션을 진행한다.

수업 초반에는 어떤 사람이 더 영어가 유창한지, 발음이 좋은지, 장문으로 말하는지 등 영어의 기술적인 측면에 주목했던 수강생들도 마지막 프레젠테이션에서는 영어 실력을 평가하는 기준이 달라진다. 누가 더 날카로운 의견을 말하는지, 누구의 의견이 더 설득력 있는지 등 내용에 더 귀를 기울인다.

비즈니스 영어를 할 때는 쉬운 표현을 사용해서 논리적으로 말하는 연습을 해보자. 무엇보다 자신감을 가지고 천천히 말하면서 주장을 명확하게 전달해야 한다는 것을 명심하자.

24 원어민이 말하는
속도에 맞추지 않는다

원어민과 영어로 대화할 때 흔히 저지르는 실수가 있다. 바로 상대방이 말하는 속도에 맞춰 대답하는 습관이다. 외국인이 원어민의 속도에 맞추기란 쉽지가 않다.

원어민의 속도에 따르다 보면 자신이 무슨 얘기를 하고 있는지조차 잊어버리고 당황하기도 한다. 영어를 들을 때는 상대방이 말하는 속도에 맞춰서 듣는 수밖에 없다. 하지만 듣기 실력은 훈련만 열심히 하면 누구나 쉽게 향상시킬 수 있다.

그러나 말하기는 다르다. 원어민이 아닌 이상 실력을 올리는 데는 한계가 있다. 우리는 먼저 명확하면서도 논리적인 의견을 쉬운 표현으로 당당하게 말하는 데 집중해야 한다.

골드만 삭스에서 함께 일했던 상사는 들을 때는 상대방의 속도에 맞추고 말할 때는 자신의 속도에 따라 말하는 데 능숙했다. 상사는 상대방이 아무리 빠르게 말해도 상대의 속도에 맞춰 주지 않았다.

전화 회의 시간에 상대방이 발언할 때는 자신의 마이크를 끄고 서류나 메일을 확인하면서 상대방의 이야기를 들었다. 스피커를 통해 다양한 악센트의 발언들이 마구 날아 들어올 때조차 동요하는 기색을 보이지 않았다. 듣기 실력이 매우 뛰어나야만 가능한 일이었다. 자신이 말할 차례가 오면 마이크를 켜고 스피커에 몸을 가까이 댄 채 큰 목소리로 천천히 말했다.

앞서 말했던 소프트뱅크 그룹의 대표도 마찬가지다. 그 역시 상대가 말하는 속도에 맞추려고 무리하지 않았다. 질문을 받은 다음 천천히 시간을 가지면서 대화의 속도를 조절했다.

영어로 이루어지는 커뮤니케이션을 홈경기와 원정경기로 나뉘는 축구 경기에 비유해 보자. 상사와 소프트뱅크 그룹의 대표는 상대의 이야기를 상대의 속도에 맞춰 들어야만 하는 원정경기에서는 무승부로 대결을 끝낸다. 대신 자신이 말을 해야 하는 홈경기에서는 절대로 실점을 내주지 않는다. 원정경기에서는 무승부지만 홈경기에서는 승점을 가져가는 식으로 시합을 운영하는 것이다. 이처럼 경기를 하려면 먼저 상대가 아무리 빨리 말해도 잘 들을 수 있는 듣기 실력이 갖춰져야 한다. 그리고 자신의 주장을 명확하게 정리하고 이를 단시간에 논리적으로 구성해서 쉬운 표현으로 말할 줄 알아야 한다. 자신의 주장을 명확하게 구성할 수 있는 논리력과 작문 실력이 필수인 셈이다.

마지막으로 어떤 상황에서도 상대방의 속도에 휘둘리지 않는 강한 정신력도 겸비해야 한다. 영어로 말할 때는 상대방의 속도에 맞추지 않아도 된다. 원어민처럼 빠르게 말해야 한다는 편견은 버리자. 외국인들은 우리가 영어를 얼마나 잘하는지에 대해서는 관심이 없다. 그보다 내용이 얼마나 충실한지, 주장은 명확한지, 근거는 제대로 갖추었는지가 훨씬 중요하다. **발음이 조금 어색할지라도 논리가 확실한 주장을 펼치면 그들은 상대의 발언을 더 인정해 준다.** 영어로 말할 때는 당황하지 말고 천천히 자신의 속도에 맞춰 이야기하자. 자신의 속도에 따르다 보면 오로지 내용으로만 승부할 수 있는 여유가 생긴다.

25 가능한 간결하게 말한다

상대방이 주절주절 이야기를 늘어놓으면 '대체 무슨 말이 하고 싶은 거지? 핵심부터 말해 주면 좋을 텐데' 하고 짜증이 날 때가 있다. 비즈니스 세계에서는 결론부터 확실하게 전달해야 한다. 이는 어느 나라에서나 마찬가지다. 영어를 배우는 사람은 외국인과 대화할 때 자신도 모르게 주절주절 길게 말할 때가 있다. 때로는 자신의 영어 실력을 뽐낼 의도로 끊임없이 말을 이어 가기도 한다.

하지만 두서없이 말을 많이 해봤자 스스로만 만족할 뿐이다. 상대방은 '도대체 무슨 말이 하고 싶은 거지?', '빨리 결론부터 말해 주면 좋으련만' 하고 불만을 품게 된다. 심한 경우에는 '이 사람은 영어는 잘하는데 같이 일하는 동료로서는 별로네'라는 부정적인 평가를 내리기도 한다.

영어 실력을 향상시키기 위해 말하기 훈련을 하는 것은 매우 중요한 일이다. 하지만 비즈니스 현장이 자신의 영어 실력을 자랑하거나 숙련도를 시험하는 곳이 되어서는 안 된다. 영어로 말할 때는 모국어와 마찬가지로 되도록 간결하게 결론과 근거 만 밝혀야 한다.

CNN 뉴스에서 GE General Electric Company 의 전 회장 겸 CEO였 던 잭 웰치 Jack Welch 의 인터뷰가 나온 적이 있다. 진행자가 "미국 은 중국의 약진을 어떻게 받아들여야 할까요?"라고 질문하자 웰치는 곧바로 "Opportunity(기회죠)."라고 대답했다.

이어서 진행자가 그 이유를 묻자 한마디를 더 보탠다.

"Huge market(거대한 시장이니까요)."

웰치의 대답은 극도로 심플하면서도 결론과 근거가 뚜렷한 메시지였다. 본질을 꿰뚫어 본 한마디는 열 마디의 긴 설명보 다 시청자의 뇌리에 강하게 남았다.

웰치는 진행자의 질문에 따라 이어서 자세한 설명을 덧붙였지만 시청자들은 굳이 뒷이야기를 듣지 않아도 될 정도로 그가 전달하고자 하는 메시지를 충분히 이해했다. 중국의 눈부신 발전을 위협으로 느끼지 말고 오히려 커다란 시장이 형성됐다는 점에서 기회라고 생각해야 한다는 말이었다. 처음에 나온 두세 단어만으로도 웰치는 자신의 생각을 명확하게 표현했다.

자신의 의견을 관철하려면 많이 말할수록 유리하다고 생각하는 사람이 있다. 하지만 말이 많으면 오히려 자신이 주장하고자 하는 바가 말속에 묻혀 버린다. 역효과가 나는 셈이다.

앞서 소개한 웰치의 대답처럼 자신의 주장과 근거를 정확하면서도 직설적으로 표현해야 메시지의 힘이 강해지고 듣는 사람의 기억에도 쉽게 남는다.

모국어로 잘 말할 수 있어야 영어로도 제대로 전달할 수 있다. 모국어로도 잘 표현하지 못하는 이야기를 영어로 바꿔 말하기란 불가능한 일이다.

평소에 주절주절 길게 말하기보다는 명확한 결론과 근거를 들어 간결하게 설명하는 습관을 들이자. 영어 실력이 향상되는 데 분명히 좋은 영향을 미칠 것이다.

26

질문에 막힘없이
술술 영어로
대답하는 비결

여러 차례 말했듯이 비즈니스 커뮤니케이션에서 중요한 것은 결론과 근거다. 지식과 정보는 결론을 도출하기 위해서나 근거를 보여 주기 위해서 언급하는 것일 뿐이다. 결론이 없는 상태에서 자신이 알고 있는 지식과 정보만을 늘어놓으면 이야기의 촛점이 불명확해지고 무슨 얘기인지 헷갈릴 정도로 내용이 뒤죽박죽된다.

이해하기 쉽고 설득력 있는 커뮤니케이션을 하려면 먼저 결론부터 확실하게 밝혀야 한다. 그리고 결론을 뒷받침하는 근거를 쉬운 표현으로 간결하게 정리해야 한다.

외국인 동료나 거래처 사람들은 우리의 영어 실력에 큰 관심이 없다. 주위에 영어를 잘하는 선배나 동료를 보면 존경 어린 시선으로 바라보게 되지만 외국인 앞에 서면 우리나 그들이나 모두 똑같이 원어민이 아닌 사람일 뿐이다. 다시 말하지만 영어를 유창하게 구사하느냐 못 하느냐는 그리 중요하지 않다.

중요한 것은 말을 할 때 결론과 근거를 명확하게 전달하는 일이다. 골드만 삭스와 맥킨지에서도 원어민처럼 영어를 구사하는 사람보다는 논리적인 이야기를 쉬운 표현으로 간결하게 전달하는 사람을 더 높이 평가했다. 그들의 영어는 누구에게나 쉽게 전달되는 데다 설득력이 매우 높았기 때문이다. 원어민처럼 유창한 영어를 할 필요는 없다. 핵심은 말하는 이의 영어가 유창한가 아닌가가 아니라 주장의 결론과 근거에 있다.

열린 질문을 닫힌 질문으로 바꿔 생각하면

하버드 비즈니스 스쿨에서 유학 생활을 할 때 클래스메이트들이 일본의 정치에 대해 물은 적이 있다. 일상적인 대화를 주고

받다가 자연스럽게 정치나 사회현상에 관한 주제로 이야기가 흘러가 이런저런 질문을 받는 적이 많다.

이럴 때 흔히 저지르는 실수가 결론을 정하지 않고 생각나는 대로 영어를 시작하는 것이다. 내가 알고 있는 정책이나 최근의 선거 결과, 뉴스에서 접한 스캔들 등을 특별한 결론 없이 마구잡이로 늘어놓다 보면 이야기가 끝이 없다.

계속 말을 잇다 보면 영어가 모국어가 아니다 보니 어휘력은 원어민에 훨씬 못 미치고 사용할 수 있는 표현에도 금방 한계가 온다. 어느새 밑천이 바닥을 드러내고 말문이 턱 막혀버린다. 그러면 "I'm sorry. My English is still not good. I have to learn English(미안. 내 영어 실력이 아직도 부족하네. 더 배워야겠어)." 라고 말하며 괜히 사전을 뒤적거리고 단어를 찾는 척하며 어색하게 이야기를 마무리 짓는다.

한번은 일본의 정치인에 대해 묻는 바람에 그야말로 횡설수설한 적이 있다. 알고 있는 모든 정보를 끌어모아서 생각나는 대로 말했더니 이야기의 끝을 찾지 못해서 허둥댔다. 머릿속에 있는 지식을 영어로 다 표현하지 못하다 보니 이야기는 점점 더 종잡을 수 없는 방향으로 흘러갔다.

그러던 중 엉뚱한 사건을 계기로 갑자기 훅 들어오는 질문에 어떻게 대처하면 좋을지 해결책을 발견했다. 한 친구가 현재 집권하고 있는 총리를 좋아하냐고 물은 것이 계기가 되었다. 예, 아니오로 대답할 수 있는 '닫힌 질문'에는 바로 대답할 수 있었던 것이다. "응, 좋아해. 왜냐하면…"처럼 자연스럽게 대답이 흘러나왔다.

이유는 간단했다. 친구의 질문이 닫힌 질문이었기 때문이었다. 좋아하냐고 물었기 때문에 좋아하거나 좋아하지 않는다는 결론부터 말할 수 있었다. 결론을 말하고 나니 그다음에는 내가 알고 있는 것들 중에서 결론을 지지하는 근거만 골라 대답하면 끝이었다. 질문의 형식만 바뀌었을 뿐인데 닫힌 질문을 받자 답변을 하기가 훨씬 수월했다.

결론부터 말하자

만약 "○○에 대해 어떻게 생각해?"라는 열린 질문을 받는다면 머릿속으로 예, 아니오로 대답할 수 있는 닫힌 질문으로 바

꿔 생각한 다음 결론부터 말하자.

예를 들어 질문을 "지금 집권하고 있는 총리를 좋아해?", "그의 정책에 찬성해?"처럼 닫힌 질문으로 가정한 후 "좋아해.", "그의 정책에는 반대해."처럼 결론부터 전달하면 된다.

그다음 "왜냐하면……." 하고 이어 말하면서 자신이 알고 있는 정보를 모아 근거를 덧붙이자. 결론을 정해 두면 이야기의 주제가 좁아져서 알고 있는 모든 정보를 총동원할 필요가 없다. 서두에서 밝힌 결론을 지지해 주는 최소한의 정보에 살을 붙여서, 간단한 어휘와 단순한 논리 구조로 답변을 구성하면 된다. 결론과 근거가 명확하기 때문에 내용이 짧아도 충분히 깊이 있고 설득력 있는 답변으로 받아들이게 된다.

정보나 지식에만 기대서 이야기하는 습관은 버리자. 이야기는 항상 결론과 근거로 구성되어야 한다. 만약 외국인이 예, 아니오로는 대답할 수 없는 열린 질문을 던진다면 머릿속으로 질문의 형태를 닫힌 질문으로 바꿔서 결론부터 밝혀 두자. 결론부터 이야기하는 습관이 붙으면 답변의 설득력이 높아진다.

27 'So-so'는
금기어

우리가 자주 쓰는 영어 표현 중에 원어민은 잘 쓰지 않는 말이 있다. 그 대표적인 예가 'So-so'라는 표현이다.

유학생 시절, 함께 밥을 먹던 친구가 음식 맛이 어떠냐고 묻기에 'So-so'라고 대답한 적이 있다. 다음에 그 친구와 또 밥을 먹는데 이번에도 맛에 대한 질문에 'So-so'라고 대답하고 말았다. 그러자 친구가 "너는 항상 So-so라고만 하네. 맛이 있다는 거야, 없다는 거야. 대체 어느 쪽이야?" 하고 격앙된 목소리로 물어 놀란 적이 있다.

원어민은 'So-so'라는 말을 거의 쓰지 않는다. 가령 "How is

the taste of this coffee?" 하고 커피의 맛을 물었다고 하자. 이럴 때 원어민은 절대 "So-so." 하고 대답하지 않는다. 대신 "It's not bad(나쁘지 않아). " 혹은 "It is reasonable quality coffee(가격에 딱 맞는 커피네). " 하고 대답한다.

원어민에게 'So-so'는 '그냥 그래' 혹은 '뭐 나쁘지 않아'와 같은 뜻이 아니다. 그들에게 'So-so'는 '나는 아무래도 상관없어' 혹은 '나는 관심 없어'와 같은 뜻이다.

우리나라에서는 무언가에 대해 호불호를 물었을 때 명쾌하게 대답하지 않아도 대화가 자연스럽게 이어진다. 그냥 '보통 정도인가 보다'라고 그러려니 넘어간다.

하지만 외국에서는 그렇지 않다. 커피의 맛을 물어본 정도라면 큰 문제가 없겠지만 만약 비즈니스 상황에서 'So-so'라는 말을 남발했다가는 상대방에게 신뢰를 잃을지도 모른다.

작은 일에도 자신의 의견을 명확하게 밝히기

회의에 참석하면 가만히 앉아만 있을 게 아니라 자신의 의견을 뚜렷하게 밝혀야 한다. 중립적인 입장만 고수하거나 애매모호한 답변만 내놓으면 색깔 없는 사람이라 취급받기 십상이다.

주관이 뚜렷한 사람이 되려면 평소에 작은 일에도 예, 아니오 중 하나를 선택한 다음 근거를 덧붙여 말하는 연습을 꾸준히 해 두자. 또 아무리 편리하다고 해도 'So-so'라는 표현은 되도록 사용하지 말아야 한다. 어떤 질문에도 충분히 고민하고 깊이 생각한 다음 명확한 입장을 밝히는 편이 바람직하다.

'So-so'라는 표현을 자주 쓰면 의견이 없는 사람으로 여겨질 뿐 아니라 상대방과 깊이 있는 대화를 나누기도 어려워진다. 모처럼 상대방이 대화의 실마리가 될 만한 질문을 던졌는데 'So-so'라고 대답하면 대화는 거기서 끝이 나고 만다. 상대방에게 큰 실례가 되는 일이기도 하다. **영어에서는 'So-so'만큼 듣는 이가 손해 보는 답변도 없다는 말이 있을 정도다.**

지금부터는 'So-so'라는 표현을 금기어로 정해 두자. 자신의 입장이 어느 쪽인지를 확실하게 정리하는 습관이 붙을 것이다. 또 아무리 작은 일에도 자신의 의견을 명확하게 밝혀야 한다는 점을 염두에 두자. 상대방의 질문에 명쾌한 의견을 내놓으면 자신의 존재감도 한층 더 올라간다.

28

크게만 말해도 전달력이 높아진다

영어에 자신이 없으면 작은 목소리로 중얼거리듯 말하게 된다. 사적인 장소에서 일대일로 대화하는 경우라면 모를까, 여러 사람이 함께하는 비즈니스 상황에서 작은 목소리로 우물거려서는 아무도 내 말을 들어주지 않는다.

비즈니스 상대와 일대일로 대화하는 경우에도 큰 목소리로 또박또박 말해야 한다. 주변에 있는 다른 사람들도 함께 듣고 있다는 생각으로 말이다. 그래야 상대방이 더 쉽게 알아들을 수 있다.

골드만 삭스에서 같이 일했던 선배는 회사에서 누군가와 통화할 때면 스피커폰을 사용했다.

모두가 듣고 있다고 생각하면서 크게 또박또박

스피커폰 기능을 쓰면 양손이 자유로워서 다른 일을 하면서 통화할 수 있기 때문이었다. 다만 휴대전화와의 거리가 멀어서 되도록 큰 소리로 말해야 했다. 그래서인지 선배가 통화하는 모습은 지금도 기억에 선명하게 남아 있다. 선배의 목소리가 사무실 전체에 울릴 만큼 컸기 때문이었다. 그건 영어에 대한 자신감의 표현이기도 했다.

일대일 대화에서도 주변 사람 모두가 듣고 있다는 생각으로 크고 또박또박하게 말해야 한다. 내가 운영하는 영어 학습 프로그램에서도 질문에 대답할 때는 모든 사람이 듣고 있다는 생각으로 여러 사람과 눈을 맞추면서 말하도록 지도하고 있다.

수강생들과 토론 연습을 할 때면 말하는 사람은 대개 질문한 사람만 쳐다보며 작은 목소리로 중얼거린다. 그럼 일부러 질문자를 멀리 떨어져 앉게 한다. 아니면 대답하는 사람이 자리에서 일어나 테이블 주위를 돌며 말하도록 한다. 이는 여러 사람과 눈을 맞춰 가며 큰 목소리로 천천히 대답하는 훈련을 하기 위해서다.

일대일 대화일지라도 주변 사람들에게 같이 전달한다는 마음으로 모두와 눈을 맞춰 가며 당당하게 큰 목소리로 또박또박 말해 보자.

29

회화 연습은
영어가 모국어가 아닌
사람끼리

영어 회화 실력이 초급이나 중급 정도라면 외국인과의 일대일 수업을 듣는 것이 좋다. 영어로 대화하는 즐거움을 맛보는 것이 우선이기 때문이다. 외국인과 일대일로 대화할 때는 제스처나 표정으로 부족한 영어 실력을 채울 수 있다. 말이 막히거나 꼬일 때 상대방이 금방 눈치를 채고 도움을 주기 때문이다.

회화 실력이 중급 단계를 넘어섰고 비즈니스 영어를 배워야 한다면 더 이상 제스처나 표정에 기대거나 외국인의 도움으로 위기 상황을 넘겨서는 안 된다. 영어로 대화하는 즐거움을 맛보았다면 이제는 완전한 문장으로 말하는 연습을 해야 한다.

전화로 회의하는 모습을 상상해 보자. 전화 회의에서는 대면 대화에서 유용했던 제스처와 표정이 무용지물이다. 갑자기 말문이 막힌다 해도 상대방은 전혀 이쪽 상황을 알지 못한다. 대면 대화에서처럼 말끝을 흐리거나 머뭇거릴 때 상대방이 잽싸게 대화를 이어 가거나 말 속에 숨은 의도를 알아채지 못한다. 이쪽 말이 끝날 때까지 상대방은 오로지 들을 뿐이다.

전화 회의에서는 완전한 문장으로 말해야 한다. **사적인 대화가 아니라 비즈니스상 중요한 이야기를 나누어야 할 때는 어설픈 영어 회화 실력으로는 금방 한계에 부딪힌다. 중요한 회의나 상담 등이 진행되는 비즈니스 세계에서는 완전한 문장으로 영어를 구사할 줄 알아야 업무를 제대로 수행할 수 있다.**

완전한 문장으로 말해라

완전한 문장으로 말하는 것을 연습하려면 모국어가 영어가 아닌 사람끼리 영어로 대화하는 편이 좋다. 원어민과 대화하다 보면 우리가 더듬거리며 할 말을 찾는 동안 상대방이 재빨리 뒤에 이어질 말을 찾아 줄 때가 많다. 원어민에게 기대어 대화하다 보면 아무리 오랜 기간 연습해도 실력이 늘지 않는다.

하지만 모국어가 영어가 아닌 사람끼리 영어 회화를 연습하면 듣는 사람은 상대방의 말이 끝날 때까지 가만히 기다리게 된다. 다음에 자신이 할 말을 찾느라 도와줄 여력이 없기 때문이다. 서로의 말을 끝까지 들어주면서 연습하면 완전한 문장으로 말할 수 있는 실력을 쌓을 수 있다.

우리끼리 영어 회화 연습을 하면 좋은 점이 한 가지 더 있다. 같은 나라 사람들 앞에서 영어로 말하는 데 두려움이 없어진다는 점이다. 일하다 보면 팀 대표로 동료들 앞에서 영어로 말해야 하는 경우가 자주 있다. 이럴 때면 외국인보다 동료들이 더 신경 쓰이곤 한다. 하지만 우리끼리 영어로 대화하는 데 익숙해지면 이러한 부담감을 떨칠 수 있다.

영어로 대화하는 즐거움을 깨달았다면 다음에는 완전한 문장으로 말할 수 있도록 연습해 보자. 완전한 문장으로 말하는 데 익숙해지려면 자신이 하려는 말을 사전에 정리해서 적어 보는 등의 부지런함도 필요하다. 또 기회가 되면 우리끼리 회화 연습을 하는 자리를 만들어서 끝까지 말하는 훈련을 해보자.

30

각별히 주의해야 할 표현, 'Please'

일본어는 높임말의 종류가 다양하다. 상대를 높이는 존경어도 있고 나를 낮추는 겸양어도 있다. 높임말 표현이 복잡하고 까다로운 건 일본어의 큰 특징이기도 하다.

반대로 영어에는 일본어나 한국어의 존댓말 혹은 반말의 개념이 없다. 손윗사람에게 반드시 갖춰서 써야 할 말이 따로 존재하지는 않는다.

그렇다고 해서 외국인들이 상대방을 배려하거나 존중하며 말하는 데 익숙하지 않을 것이라 생각하면 곤란하다. 존댓말만 없을 뿐이지 **영어에도 상대방에게 경의를 표하거나 좀 더 공손**

하게 의사를 전달하는 표현법이 매우 많기 때문이다. 비즈니스 영어에서 자주 쓰이는 공손한 표현법들을 살펴보자.

① 반대 의사를 표현하려면 먼저 상대방의 의견에 공감해 주기

상대방의 의견에 이의를 제기하고 싶을 때는 자신의 생각을 있는 그대로 표현해서는 안 된다. 당신의 의견에 반대한다는 뜻을 곧이곧대로 상대방에게 전달했다가는 상대방의 감정이 상할 수 있다. 자신의 의견을 대놓고 부정하는데 기분 좋을 사람은 아무도 없기 때문이다.

"I disagree with you."

(저는 당신의 의견에 반대합니다)

있는 그대로 반대 의사를 표현하면 아무리 온순한 사람일지라도 순간 욱하는 마음이 치밀어 오른다. 그럼 어떻게 말하는 게 좋을까. 골드만 삭스나 맥킨지의 상사와 선배들은 상대방의 의견에 반대할 때 다음과 같은 표현을 사용했다.

"I understand what you mean. But I don't agree with you."

(당신이 주장하는 바가 무슨 뜻인지는 이해합니다만 저는 동의하기 어렵네요)

결국 당신의 의견에 반대한다는 뜻에는 변함이 없지만, 상대의 의견을 부정하기 전에 '말씀하시는 바는 충분히 이해합니다만'이라는 한마디만 덧붙여도 싸늘한 분위기를 누그러뜨릴 수 있다.

분위기가 험악해지지 않는 건 단순히 반대 의사를 에둘러 표현했기 때문만은 아니다. 상대방의 주장을 충분히 이해한다고 말하기 위해서는 먼저 상대방의 이야기를 경청해야 한다.

사람은 누군가가 자신의 말에 귀 기울이면 자신이 무시당하지 않고 존중받고 있다고 느낀다. 경청을 통해 서로를 존중하는 분위기를 만들면 다른 사람이 자신의 의견에 이의를 제기해도 쉽게 감정이 상하지 않는다. 따라서 좀 더 차분하면서도 건설적인 논의가 가능해진다.

② 'Please'를 붙여도 명령문은 명령문이다

다른 사람에게 부탁할 때는 상대방에게 경의를 표하면서 진지하고 정중하게 말해야 한다. 그래서인지 우리는 영어로 부탁을 할 때면 꼭 'Please'라는 말을 덧붙인다. 'Please'라는 표현이 상대방에게 좀 더 공손하게 들릴 것이라 생각하기 때문이다. 내가 운영하는 영어 학습 프로그램에서도 영작을 할 때면 'Please'라는 표현이 자주 등장한다. 특히 'Please+동사'로 이루어지는 문장이 자주 쓰이는데 이러한 문장을 쓸 때는 각별히 주의해야 한다.

'Please+동사'로 이루어지는 문장은 어디까지나 명령문일 뿐이다. 명령문에 'Please'를 덧붙인다 해도 그 문장은 변함없이 명령형이다.

학교에서 선생님이 학생들에게 숙제를 내주는 장면을 떠올려 보자. 선생님이 아무리 부드럽게 말한다 해도 언제까지 숙제를 하라는 명령을 내리고 있다는 사실은 달라지지 않는다. 다시 말하지만 'Please'를 붙여도 명령문은 명령문이다. 거래처에 다음과 같은 메일을 보냈다고 하자.

"Please get back to me by tomorrow morning."

(부디 내일 아침까지 답변을 주시기를 바랍니다)

'Please'를 붙였으니 정중하게 표현했다고 생각할 것이다. 하지만 원어민이 위 문장을 보면 상대방이 자신에게 부탁을 한다기보다는 명령을 내리고 있다는 인상을 받는다. 아주 가까운 사이가 아니라면 이런 표현은 피하는 것이 좋다.

비즈니스 세계에서 상대방에게 부탁을 해야 할 때는 가정법을 활용하는 것이 좋다. 바로 'would'나 'could'를 써서 말하는 방법이다.

"If you could get back to me by tomorrow morning, it would be greatly appreciated."

(내일 아침까지 답변을 주신다면 진심으로 감사하겠습니다)

우리말의 '그렇게 해주시면 정말로 감사하죠'와 같은 관용구를 떠올리면 쉽다. 가정법은 명령형 문장을 부드럽게 돌려서 말할 수 있는 표현법이니 꼭 기억해 두자.

③ 어디까지나 개인적인 생각임을 언급해 두기

논의 중에 의견이 엇갈리면 갑자기 승부욕에 불타오르면서 자신의 생각이 맞다며 강하게 주장하는 사람이 있다. 하지만 비즈니스 세계에서 논의의 목적은 최선의 방법을 도출하고 전체적인 합의를 이끌어 내는 것이다. 자신의 의견이 선택된다 해도 그것이 경기에서 이겼음을 의미하지는 않는다.

건설적으로 논의를 진행하기 위해서는 같은 내용을 주장하더라도 자신의 의견이 절대적으로 옳다고 표현하기보다는 '이러한 의견도 있으니 참고 부탁 드린다'와 같은 식으로 말하는 편이 효과적이다.

자신의 의견이 옳은지 그른지를 떠나서 다른 각도에서 볼 수도 있다는 점을 제시하는 것이다. 단정적으로 말하기보다는 다양한 관점이 필요하다는 차원에서 새로운 의견을 제시하면 참가자들의 시야가 훨씬 넓어진다. 이때 자주 사용되는 표현은 다음과 같다.

"It seems to me that ~."

(저에게는 ~처럼 보입니다)

"In my opinion, ~. "

(제 개인적인 생각은요)

"If you asked me, I would say ~."

(혹시 저의 의견을 물으신다면 저는 이렇게 말하겠습니다)

  자신의 의견을 말하기 전에 위와 같은 표현을 사용하면 단정적으로 말한다는 인상이 사라져 주변 사람들도 귀를 기울인다.

  우리는 높임말을 쓰는 데 익숙하기 때문에 조금만 연습하면 공손하고 정중한 영어 표현을 쓰는 데 금방 익숙해질 수 있다. 어렵거나 복잡한 표현이 아닌 만큼 조금만 신경 써서 연습해 두면 실전에서 큰 도움이 될 것이다.

31

귀찮더라도
꼭 사전을
찾아볼 것

영어 실력이 중급 정도가 되면 사전을 찾지 않아도 어느 정도 문장을 읽을 수 있다. 모르는 단어가 있어도 전체적인 내용이나 논지는 이해할 수 있기 때문이다.

그래서 사전을 뒤적거리는 일은 귀찮고 시간 낭비라고 생각하는 사람이 많다. 하지만 더 높은 단계로 자신의 영어 실력을 올리고 싶다면 귀찮더라도 꾸준히 사전을 찾아보면서 공부해야 한다.

'제2언어 학습론'이라는 학문 영역이 있다. 여기에서는 언어를 배울 때 모국어와 외국어의 습득 방식이 전혀 다르다는 전제하에 연구를 진행한다. 모국어를 사용할 때와 외국어를 사용할 때 활성화되는 뇌의 영역도 다르다고 한다.

영어 공부는 자전거 타듯

이처럼 외국어의 습득 방식에 대한 견해는 다양하지만 모든 학설에 공통적으로 등장하는 것이 있다. 바로 외국어를 능숙하게 구사하기 위해서는 일정량의 정보를 입력하고 출력하는 과정이 필수적이며 그중에서도 많은 양의 정보를 입력하는 일이 선행되어야 한다는 것이다.

다만 많은 양의 정보를 입력해야 한다는 말이 무조건 많이 읽고 들어야 한다는 뜻은 아니다.

이해가 되지 않는 문장을 아무리 읽고 들어 봐야 머릿속에 남는 것은 없다. 뜻도 모르는 영어 노래를 계속 틀어 놓는다고 해서 영어 실력이 늘지 않는 것과 비슷하다.

먼저 사전을 찾아서 발음을 확인하고 뜻을 이해한 다음 머릿속에 입력하는 과정을 거쳐야만 한다. 그래야만 많이 읽고 많이 듣는 그간의 노력이 빛을 발할 것이다.

언어를 배울 때 단어 공부를 하는 것은 자전거를 탈 때 페달 밟기와 비슷하다. 자전거에 한번 올라타면 페달을 계속 굴려야만 하듯이 언어 공부를 시작한 이상 사전 찾기를 게을리해서는 안 된다.

자전거를 탈 때 페달을 멈추면 균형을 잃고 넘어지듯이 언어를 배울 때 단어 공부는 절대 빼먹지 말아야 한다. 모르는 단어가 생기면 바로 사전을 찾아서 공부하자. 영어에 능통해질 수 있는 가장 쉬우면서도 간단한 방법이다.

발음을 확인할 때는 악센트의 위치까지 익혀 두자

골드만 삭스에서 함께 일했던 상사는 표지가 너덜너덜해져 다 찢어지기 직전인 사전을 항상 옆에 두고 영어를 공부했다. 상사는 쉬운 단어와 표현을 통해 자신의 생각을 간결하게 주장하는 분이었다. 그런데도 늘 사전을 옆에 끼고 부지런히 찾아보곤 했다.

아마도 사전 찾기가 영어 실력에 기본이 되는 읽기와 듣기 실력을 올려 주는 역할을 했던 것 같다. 자신은 난해한 단어나 표현을 쓰지는 않지만 상대방은 언제든지 그런 표현을 사용할 수 있다.

이때 바로 의미를 알아채려면 평소에 사전을 찾아가며 공부했던 어휘 실력이 뒷받침되어야만 한다. 발음과 의미를 모르는 단어를 이해하기란 어렵기 때문이다.

모르는 단어가 나오면 먼저 사전부터 찾아보자. 사전을 볼 때는 하나의 뜻만 확인하지 말고 단어에 담긴 여러 가지 의미를 모두 확인해야 한다.

다음에는 발음을 체크하자. 이때는 악센트의 위치와 악센트 부분에 있는 모음까지 알아 두어야 한다.

단어를 발음할 때 악센트 위치를 잘못 알고 말하면 전혀 다른 말이 되어 버려 상대방이 이해하지 못할 수 있다. 또 악센트 위치에 있는 모음은 특히 크게 발음해야 하는 음이라서 신경 쓸 필요가 있다.

요즘은 스마트폰에 사전 기능을 갖춘 앱이 있어서 음성 지원도 가능하다. 직접 귀로 발음과 악센트의 위치까지 확인할 수 있는 편리한 기능도 많다.

　물론 사전을 찾아가며 공부하기란 참 귀찮은 일이다. 그러나 영어에 능통해지고 싶다면 사전 찾기를 게을리해서는 안 된다. 비즈니스 영어를 익히기 위해서는 사전을 늘 곁에 두고 함께하는 습관이 필요하다.

32

**영어 공부는
일처럼
해야 하는 것**

틈날 때마다 효율적으로 공부하는 비법이 넘쳐 나는 세상이다. 그러나 영어 공부는 짬이 날 때 조금씩 해서는 결코 실력이 올라가지 않는다.

많은 이들이 법률이나 회계에 관한 지식을 배우기 위해 학교를 두 개 이상 다니거나 대학 졸업 후에 로스쿨 혹은 전문학교에 들어가는 길을 택한다. 법률이나 회계 공부는 의자에 딱 붙어 앉아서 오랜 시간을 들여야만 한다고 생각하기 때문이다.

그런데 영어라면 생각이 바뀐다. 짬이 날 때 틈틈이 공부해서 빠르게 실력을 올릴 수 있는 지름길부터 찾는다. 물론 바쁜 일상 속에서 틈새 시간을 활용하는 것도 의미는 있다. 비즈니스맨의 평일은 스케줄로 꽉 차 있다. 출퇴근에 할애해야 하는 시간도 있고 야근하느라 퇴근이 늦어지는 경우도 빈번하다. 매일 일정한 시간을 들여서 공부하는 습관을 유지하기란 쉽지가 않다.

나 역시 골드만 삭스에서 일하면서 MBA 유학을 목표로 영어 공부에 돌입했을 때 공부할 시간이 모자라서 아등바등했었다. 시간이 없다는 초초함에 틈새 시간을 활용해서 공부한 적도 있었다. 하지만 시간을 쪼개서 하는 공부에는 한계가 있음을 몸소 깨닫게 된 것도 그때였다.

매일 5분 동안 영어 단어를 세 개씩 외운다고 하자. 이렇게 365일 동안 반복하면 모두 1,095개의 단어를 외울 수 있다. 언뜻 매일 5분의 투자가 엄청난 성과를 가져다 줄 것이라 생각하지만 실상은 그렇지 않다.

1,095개의 단어를 외우려면 매일 5분씩만 공부해서는 어림도 없다. 단어는 한번 외운다고 끝이 아니다. 단어를 제대로 외우려면 잊어버린 단어를 다시 외우는 시간, 외운 단어를 복습하는 시간, 단어의 의미를 이해해서 실전에 사용하는 데까지 걸리

는 시간 등이 필요하다.

하루에 5분씩만 공부해서는 3일만 지나면 그전에 외웠던 단어는 머릿속에서 가물가물해진다. 결국 틈새 시간을 활용해서 공부해도 이렇다 할 성과가 나오지 않게 되고 매일 정해진 공부 시간을 지키기도 어려워져서 중도에 포기하는 경우가 다반사다.

틈새 시간을 활용하려는 계획은 오래가지 못한다

진지하게 영어 공부를 해야겠다고 마음먹었다면 하루에 일정 시간을 정해 놓고 공부에 투자해야 한다. 또 3~6개월 동안 1~2 단계의 레벨만 올리기로 정하고 공부를 시작하는 것이 바람직하다.

이때 영어 공부를 중요한 고객과의 미팅처럼 생각하며 우선순위를 높게 설정해야 한다. '이번 프로젝트만 마무리되면 시작해야지', '여유 시간이 생기면 시작해야지'라는 생각으로는 영어 실력을 쌓을 수 없다.

앞서 말했듯이 나도 틈나는 시간에 영어 공부를 해야겠다고 생각했었다. 그러나 틈새 시간만 활용해서는 영어 실력이 늘지 않는다는 사실을 깨달은 다음부터는 영어 공부를 우선순위로 잡았다. 시간이 생기면 하는 것이 아니라 시간을 내서라도 꼭 해야만 하는 과제로 대하기 시작한 것이다.

먼저 평일 밤에 일이 끝나면 회사 회의실에 남아서 한 시간 동안 집중해서 공부했다. 영어 공부를 일의 연장선처럼 여기기 위해서였다. 매일 회의실에 남아 한 시간 동안 영어 공부를 하자 공부하는 습관이 생겨났다.

습관이 된 다음에는 사무실 근처의 카페로 장소를 옮겼다. 사무실 바로 앞에 있는 카페를 선택해서 업무를 볼 때와 같은 긴장된 상태로 공부하고자 했다. 그렇게 영어 공부를 업무의 연장선처럼 대하면서 꾸준히 이어 나갔다.

나의 전략은 성공적이었다. 매일 일정 시간을 확보해서 안정적으로 영어 공부를 할 수 있게 되었다. **'영어 공부를 일처럼'** 생각하자 공부의 효율이 크게 올라갔고 실력이 눈에 띄게 향상되었다. 이런 방식으로 회사에 다니면서 유학 준비를 할 수 있었다.

집에서도 일정 시간을 확보해서 공부를 꾸준히 할 수 있다면 상관없지만 집에만 들어가면 몸과 마음의 긴장이 풀어지는 사람이라면 내가 했던 방법을 시도해 보길 추천한다.

어디서 공부를 하느냐는 중요하지 않다. 하지만 영어 공부를 우선순위에 두고 매일 일정 시간을 확보해서 공부에 할애해야 한다는 점만은 꼭 기억하길 바란다. 틈새 시간을 활용해서 공부할 때보다 학습 효과가 훨씬 좋아진다.

The (38 Routines) of The World's Leading Entrepreneurs

chapter 5

내 길은
내가 만든다

커리어 확장과 자아실현을 위한 작지만 강력한 행동들

33 이력서는 능동태로

글로벌 회사로 이직하기를 희망한다면 영문 이력서 준비는 필수다. 그래서인지 영문 이력서를 보고 조언을 해달라는 부탁을 받을 때가 많다. 여러 사람의 이력서를 보고 느낀 점 중 하나는 이력서를 쓸 때 수동태로 쓰는 경우가 압도적으로 많다는 점이었다.

영문 이력서에 수동태를 사용하면 작성자가 주체적이지 않다는 인상을 줄 수 있다. 수동태 문장은 겸손하고 겸허한 느낌을 주기보다 부정적인 인상을 심어 줄 가능성이 높다.

예를 들어 보겠다.

I was transferred from the marketing department to the finance department.

(저는 마케팅팀에서 재무팀으로 이동되었습니다)

I was relocated from the Tokyo office to the Singapore office.

(저는 도쿄에서 싱가포르 사무실로 전근하게 되었습니다)

I was appointed as the leader of the planning group.

(저는 기획부 팀장으로 발령받았습니다)

이처럼 영문 이력서 안에 수동태 문장이 많다. 왜 영어로 이력서를 쓸 때면 자꾸 수동태 문장이 튀어나올까. 글로벌 기업으로 이직을 희망하는 사람들에게 물었더니 크게 두 가지 이유가 있다고 한다.

먼저 부서 이동이나 전근은 인사 팀이나 상사가 결정하는 사항이라는 게 이유였다. 본인이 원해서 이동하는 경우도 있지만 대개 최종적인 판단은 위에서 하므로 이 점을 솔직하게 밝힌다는 것이었다.

또 다른 이유는 부서 이동이나 관리직 임명을 제삼자가 결정했다는 사실을 내세우고 싶기 때문이라고 한다. 형식적인 부서 이동이나 관리직 임명이 아니라 많은 동료 중에서 자신만이 선택받았다는 점을 강조하고 싶은 것이다.

하지만 영어에서는 수동태를 사용한다고 해도 일본어처럼 선택받았다거나 추천받았다는 등의 의미로 전달되지 않는다. 오히려 외국인의 눈으로 보면 수동태 문장은 타인에게 휘둘리는 사람이라는 느낌이 강해서 부정적인 인상을 주기 쉽다. 영문 이력서는 능동태 문장으로 써야 알맞다. 예를 들면 다음과 같다.

I joined the finance department.

(저는 재무팀으로 이동했습니다)

I moved from the Tokyo office to the Singapore office.

(저는 도쿄에서 싱가포르 사무실로 전근했습니다)

I became the leader of the planning group.

(저는 기획부 팀장을 맡았습니다)

커리어를 스스로 만들어간다는 인상을 준다

능동태 표현을 쓰면 본인의 의지로 팀을 이동하거나 지위에 올랐다는 적극성과 긍정성을 드러낼 수 있다. 또 읽는 이에게 스스로 노력해서 경력을 쌓아 왔다는 인상을 심어 줄 수 있다.

영문 이력서를 쓸 때 부서 이동이나 발령 과정에 대해 지나치게 신경 쓸 필요는 없다. 인사부나 상사의 판단하에 이루어진 결과라도 결국 마지막에는 자신이 결정한 일이기 때문이다. 이점을 강조하는 것이 포인트다.

이력서를 통해 긍정적인 인상을 심어 주고 좋은 평가를 받으려면 문장을 능동태로 써야 할 뿐 아니라 강조하고 싶은 사항, 특히 인정받고 싶은 부분을 따로 명기해 두어야 한다.

예를 들어 동료들에게 좋은 평가를 받고 있다는 점을 강조하고 싶다면 "I was awarded MVP of the group(사내에서 MVP 상을 받기도 했습니다)."과 같이 구체적인 성과나 업적을 이력서에 써넣자. 짧게라도 자신만의 특징을 따로 언급하면 강한 인상을 남길 수 있다.

꼭 영문 이력서를 작성할 때가 아니더라도 **수동태보다는 능**

동태를 쓰는 습관과 자신의 경력은 스스로 만들어 간다는 마음가짐은 직장생활을 하는 데 큰 도움이 된다. 이어서 좀 더 자세히 알아보자.

34 적극적으로 얼굴을 알린다

이력서를 쓸 때 능동태를 사용하면 읽는 이에게 긍정적인 인상을 심어 줄 수 있다. 이력서뿐 아니라 평상시에도 능동태로 생각하거나 말하는 습관을 지니면 긍정적인 효과를 얻을 수 있다. 우리의 마음속에서도 변화가 일어나기 때문이다.

특히 비즈니스맨이 능동태로 말하고 쓰는 습관을 들이면 자신의 경력은 주어지는 것이 아니라 스스로 만드는 것이라는 의식이 싹튼다.

회사에서는 당연히 팀워크를 중시하기 때문에 모두 함께 힘을 합쳐 성과를 내기를 원한다. 아무리 우수한 인재라도 자신의 생각대로만 일할 수 없는 것이 현실이다. 때로는 뜻하지 않게 부서 이동을 하거나 자신이 감당할 수 없을 만큼 무거운 직책을 맡게 되는 경우도 있다. 직장인으로 살다 보면 내키지 않아도 주어진 일이니까 열심히 해야겠다는 생각으로 회사의 지시에 따를 때가 많다.

일본 사회에서는 어렸을 때부터 자신에게 주어진 일을 성실하게 해내는 것이 중요하다고 가르친다. 나 역시 이러한 의식이 일본인의 강점 중 하나이며 앞으로도 쭉 이어져 나가야 할 가치관이라고 생각한다.

하지만 주어진 일에 최선을 다하는 전통적인 일본 사회의 가치관만으로는 글로벌 환경에서 제대로 능력을 발휘할 수가 없다. 국적과 인종이 다양하고 살아온 배경과 문화가 각기 다른 글로벌 인재들이 모인 환경에서는 원하는 일을 하기 위해 적극적으로 나서는 이들이 많기 때문이다. 수동적인 자세로 가만히 앉아서 일이 주어지기만을 기다렸다가는 하고 싶은 일에 도전해 볼 기회를 영영 놓쳐 버릴 수도 있다.

능력도 의욕도 충분한 데다 맡은 일에 최선을 다해야 한다는 의식도 확고한데 실력 발휘를 할 수 있는 기회조차 못 얻는다면 얼마나 안타까운 일인가.

글로벌 환경에서는 정해진 장소에서 주어진 일만 해서는 안된다. 하고 싶은 일이 있다면 적극적으로 움직여서 원하는 일이 들어오도록 노력해야만 한다. 자신의 경력은 자신이 만들어 나간다는 인식이 필요하다.

기술과 열정을 갖춘 다음, 세 가지 방법으로 나를 알리자

글로벌 환경에서 일하는 사람은 원하는 일을 얻기 위해 구체적으로 어떻게 노력할까. 맥킨지에서 함께 일했던 동료들이 실천했던 방법들을 소개한다. 누구나 쉽게 실천할 수 있는 간단한 방법들이다.

맥킨지에서는 보통 3개월 단위로 프로젝트가 바뀐다. 한 프로젝트가 끝날 때쯤이면 다음 프로젝트에 관한 정보가 직원들 사이에서 돌기 시작한다.

이때 클라이언트와 대표와 소통하는 '프로젝트 리더'들에게 사원들이 물밑 작업을 하는 경우가 흔하다. 모두 희망하는 프로젝트에 들어가기 위해 적극적으로 자신을 홍보한다.

프로젝트 리더들은 프로젝트가 정식으로 시작되기 전부터 미리 고민하기 시작한다. 어떤 팀을 꾸려야 가장 좋을지, 팀원으로는 누가 적당한지 등을 말이다. 프로젝트가 성공적으로 끝날 수 있도록 일찌감치 팀 구성을 짜 놓는 것이다. 지금 맡고 있는 프로젝트가 끝난 후에 생각하기엔 시간이 부족하다.

만약 자신이 프로젝트 리더라면 어떤 팀원들과 일하고 싶을까. 능력은 뛰어나지만 이번 프로젝트에 흥미를 보이지 않는 사람보다는, 함께 일하고 싶다고 적극적으로 어필하는 사람과 더 일하고 싶지 않을까. 능력과 경험은 부족해도 열정과 의욕이 넘치는 사람에게 더 끌리는 게 사람 마음이다.

맥킨지 입사 초기에 나는 골드만 삭스에서 매수 관련 자문 업무를 담당했던 경험을 살려서 우선은 재무나 매수 안건 프로젝트에 참여할 수 있도록 노력했다.

그다음에는 금융 관련 업무에 능숙하다는 장점을 내세워서 금융 기관의 전략이나 조직과 관련된 안건을 담당할 수 있도록 프로젝트 리더에게 적극적으로 나 자신을 홍보했다. 그렇게 컨설팅 업무의 영역을 조금씩 넓혀 나갔다.

프로젝트에 참여할 수 있는 요건으로는 기술과 열정 두 가지가 있다. 나의 기술과 열정을 어떻게 다른 사람에게 알릴 수 있을까. 나를 홍보하는 데 있어서 중요한 세 가지 포인트를 살펴보자.

① 얼굴을 알리는 것이 제일 먼저다

회사에 사람이 많다 보니 모든 사람의 이름과 얼굴을 알기는 어렵다. 프로젝트 팀원으로 선택받기 위해서는 일단 자신의 존재를 상대에게 알려야 한다.

함께 일하고 싶은 사람이 소속된 부서로 가서 얼굴을 보이며 인사하거나, 지금까지 단 한 번도 같이 일한 적 없는 사람과 점심 약속을 잡아서 정보 교환을 해보자.

나는 해외 안건을 다루고 싶어졌을 때 일부러 해외 사무실 동료들이 참가하는 콘퍼런스에 나가 발언을 하고, 그들과 함께 식사하면서 친분을 쌓았다. 많은 사람들 속에서 눈에 띄기 위해서는 일단 얼굴을 알리는 게 먼저다.

② 사내용 자기 이력서를 써 두자

프로젝트에 참여해도 팀에 기여할 수 없다면 아무런 의미가 없다. 따라서 프로젝트에 참여하기 전부터 자신이 가진 기술과 경험이 무엇인지 전달해 둘 필요가 있다.

나는 사내용 자기 이력서를 가지고 있다. 과거에 참여했던 프로젝트와 거기서 내가 맡았던 역할 등을 한번에 볼 수 있도록 정리한 보고서다. 한 번만 정리해 두면 상대방에게 보여 주면서 간단하게 보고할 수도 있고 메일로 전달할 수도 있다.

내가 가진 특이한 기술, 나만의 특색 있는 업무 분야, 이번 프로젝트에서의 역할 등을 사전에 명확하게 정리해 두면 상대방에게 간편하게 전달할 수 있다.

자신의 기술과 경험 등을 재고 정리한다는 느낌으로 사내용 자기 이력서를 작성해 보자. 물론 정기적인 업데이트도 잊지 말자.

③ 자신의 열정을 솔직하게 전달하자

마지막으로 중요한 것은 역시 열정이다. 프로젝트를 이끄는 리더의 입장에서 보면 경험이 부족하더라도 의욕적이고 적극적인 사람을 팀원으로 삼고 싶어한다. 상대방을 배려한다는 이유로 가만히 앉아서 기다릴 것이 아니라 책임자나 프로젝트 리더가 근무하는 부서에 몇 번이라도 찾아가서 프로젝트에 관한 자신의 생각을 솔직하게 말해 보자.

자신의 경력은 자신이 만들어 간다는 생각으로 적극적인 자세로 일해야 한다. 물론 매번 자신의 의지대로 될 수는 없다. 원하는 프로젝트에 참여하지 못하게 됐을 때는 실망하지 말고 중장기적인 목표를 세우자. 그리고 지금 눈앞에 주어진 일에 100퍼센트 집중해야 한다.

열정을 가지고 있는 사람이라면 분명히 누군가가 그 열정을 알아봐 줄 것이다. 자신의 능력이 어디선가 빛을 발할 날이 분명히 찾아올 것이다. 인내심을 가지고 눈앞에 일에 집중하면서 미래를 설계해 나가자.

35 그들이 다시 학교로 돌아가는 이유

일본 사회에서는 학력을 중요시한다. 그런데 사실 일본뿐만 아니라 외국에서도 학력은 중요하게 고려하는 항목이다. 때로는 일본보다 글로벌 기업이 더 학력을 따진다고 느낄 때도 많다.

글로벌 기업에는 MBA 특별 채용 제도가 있다. MBA가 실제 비즈니스 세계에서 도움이 될지 안 될지는 둘째라 치고, 학력에 따라 채용 경로가 달라야 한다는 걸 당연하게 생각하는 것이다. 이를 불공평하다고 지적하는 사람은 극히 소수다.

정도의 차이는 있겠지만 외국에서는 학력에 따라 평가 기준이 다르거나 특별 채용 기회를 주는 경우가 흔하다. 물론 사람은 능력과 열정으로 평가받아야 한다. 팀 안에서의 공헌도와 팀워크 정신, 어려운 과제에도 부딪혀 보는 도전 정신, 힘든 일에도 먼저 나서는 리더십 등이 평가 항목이 되어야 맞다.

또한 올바른 인성을 지녔는가도 매우 중요한 가치다. 바른 인성은 동료나 고객과의 관계에서 신뢰를 쌓는 데 필수적인 요소이기 때문이다.

그러나 현실은 다르다. 현실에서는 위와 같은 본질적인 가치만 가지고 사람을 평가하지는 않는다. 학력이 우선시되는 경우가 많다.

학력사회를 탓하고 싶은 마음은 이해하지만 앉아서 한탄만 하고 있다가는 시간이 무참히 흘러가 버린다. 학력사회 안에서 나는 어떻게 처신하면 좋을지를 생각해 긍정적으로 부딪혀 보는 자세가 필요하다.

다시 공부할 수 있는 기회를 찾아 나서자

내가 유학을 다녀온 미국도 일본처럼, 아니 그 이상으로 학력을 중요시하는 나라다. 그런데 학력사회인 것은 비슷했지만 일본과 크게 다른 점이 하나 있었다. 미국에는 나이와 상관없이 원하면 언제든지 다시 배울 수 있는 시스템이 잘 갖춰져 있다는 것이다.

미국에는 스무 살 시점에 결정되는 학력이나 상대적인 줄 세우기로 그 후의 인생이 결정되는 일은 없다. 배움이 부족하다고 느낀다면 언제든지 다시 공부할 수 있다.

일을 그만두고 대학원에 진학하는 사람도 있고, 2~3년 동안 아르바이트를 하면서 평일 야간이나 주말에 공부해 MBA를 취득하는 사람도 있다. 특별 채용 제도는 스스로 노력해서 학력을 올리는 사람들을 인정해 주기 위해 만든 평가 제도이다.

사회인이 되어서 시작하는 공부의 깊이는 이전과는 다르다. 취직하기 전이었던 학생 때와는 다르게 의무가 아니라 자율적인 선택이기 때문이다. 배움의 소중함을 깨달은 다음에 받는 교육이기 때문에 같은 시간에 더 많은 양을 공부하게 된다.

나 역시 이를 깊이 실감했다. 대학교를 졸업하고 외국 자본계 투자 은행에 취직했지만 우수한 동기나 선배들을 보고 있자니 스스로 좀 더 배워야겠다는 생각이 강해졌다.

그래서 조금 멀리 돌아가더라도 일을 그만두고 다시 공부하는 것이 좋겠다는 생각에 회사를 다니면서 유학 준비를 시작한 것이다.

결국 입사 5년 차에 퇴직해서 하버드 비즈니스 스쿨에 유학을 다녀왔다. 자발적으로 선택한 길이었기 때문에 학습에 대한 의욕이 넘쳤다. 공부를 대하는 자세 또한 대학생 때와는 비교도 할 수 없을 만큼 진지했다.

성장에 대한 목마름을 채워라

하버드 비즈니스 스쿨에서 만났던 클래스메이트들의 경력은 다양했다. 미국 해군 소속 F15 전투기를 몰았던 조종사도 있었고, 20대 때 스스로 세웠던 스타트업 기업을 상장시킨 독일인 기업가도 있었다.

또 국가대표 농구 선수였던 아프리카계 운동 선수도 있었다. 각자의 배경과 나이가 실로 가지각색이었다. 그들을 볼 때면 나이가 몇 살이든지 다시 학교로 돌아갈 수 있는 환경이 얼마나 대단한 것인지를 실감하곤 했다.

학창시절의 공부가 부족했다거나 학력우선사회를 한탄해 봤자 달라지는 것은 없다. 오히려 학력이라는 요소를 긍정적으로 활용하는 자세가 필요하다.

만약 자신의 공부가 부족했다고 실감한다면 다시 공부할 수 있는 기회를 어떻게 마련할 수 있을지를 적극적으로 고민해 보자. 이와 같은 생각을 품기만 해도 지금 하고 있는 일에 대한 자세가 달라질 것이다.

36 무엇을
공부할 것인가

외국과 우리나라의 차이점을 이야기하자면 외국에서는 **학교 이름이나 순위를 중시하지 않는다. 어느 학교를 다녔느냐보다는 무엇을 배웠는가를 더 중요시한다.** 외국은 학교마다 전문 분야가 다르고, 우리 학교가 다른 학교에 비해 어느 분야에서 우수한지 명확하게 선을 긋는다. 경영 대학원만 해도 학교에 따라서 내세우는 분야가 다 다르다.

마케팅 분야에 강한 학교는 노스웨스턴 대학교Northwestern University의 켈로그 경영대학원Kellogg School of Management이다. 파이낸싱에 강한 학교는 펜실베이니아 대학교 와튼 스쿨Wharton School

of the University of Pennsylvania이고, 기업가 교육이나 스타트업에 특화
된 학교는 뱁슨 칼리지Babson College다. 하버드 비즈니스 스쿨은
리더십 교육 분야에서 높게 평가받고 있다.

학교마다 교수진이 지닌 강점도 달라서 학교의 지명도만을
중시하는 법은 없다. 중요한 것은 그 학교에서 무엇을 가르치
고 무엇을 배웠는가 하는 '배움의 내용'이다.

좋은 교육을 받은 사람의 특징

동양에서는 '학력이 높다, 고학력이다'라는 표현을 자주 쓰는데
영어에는 이 말과 정확히 일치하는 표현이 없다. 학교명을 나열
하는 'Academic History'라는 말은 있지만 '우수한 Academic
History를 가지고 있다'라는 표현은 찾아볼 수 없다.

학력과 관련된 말로 자주 쓰이는 표현은 'Well-Educated'
다. '좋은 교육 혹은 제대로 된 교육을 받았다'라는 의미인데 이
표현만 보아도 영어권에서 중시하는 것은 학교의 이름이 아니
라 배움의 내용임을 알 수 있다.

'Well-Educated'에 해당하는 사람들에게는 공통점이 있다. 바로 자신의 의견이 명확하다는 점이다. 반복해서 이야기하지만 의견이란 근거가 있는 결론을 말한다. 결론과 이를 지지하는 근거에는 학교나 직장에서 배운 지식과 과거의 경험이 담겨 있다. 각자가 받은 교육에 따라 결론과 근거의 깊이와 두께가 달라지는 것이다.

좋은 교육을 받은 사람들은 자신의 전공이 아닌 낯선 분야에서도 자기 자신의 의견을 제시할 수 있다. 이때의 결론은 대개 가설에 그치지만 어떤 주제가 나와도 이들은 근거가 뒷받침된 명확한 결론을 도출한다.

결론을 내리기 위해 다양한 각도에서 사안을 파악하는 방법, 논리적으로 의견을 구성하는 방법, 논거가 되는 정보나 지식을 활용하는 방법 등을 학교에서 배웠기 때문이다. 어떤 상황에 부딪혀도 자기 나름의 의견을 제시하는 데 어려움이 없다.

학력은 결코 학교의 이름이나 순위가 될 수 없다. 학력이란 우리 자신이 능동적으로 움직여서 머릿속에 집어넣고 축적한 배움의 내용 그 자체다. 그래서 제대로 배운 사람은 자신의 의견을 명확하게 말할 수 있는 힘을 갖추게 되는 것이다.

37 동료를 질투하지 않는다

'모난 돌이 정 맞는다'라는 속담이 있다. 성격이 너그럽지 못하면 인간관계가 원만하지 못하다는 뜻도 있지만 너무 잘난 사람은 미움을 받는다는 뜻으로도 자주 사용된다. 쉽게 말해 모난돌이 뛰어난 사람이라는 뜻이다. 남들보다 뛰어나면 주위 사람의 시기와 질투를 받는 것을 비유한 말이다.

남들보다 뛰어난 사람은 왜 시기와 질투를 받아야 할까. 모난 돌이 정을 맞지 않는 세상이란 불가능한 걸까.

직장인이라면 내가 성과를 냈을 때 동료들이 진심으로 칭찬해 주는 환경에서 일하고 싶을 것이다. 한번 상상해 보자. 모난 돌이 정을 맞지 않는 회사에서는 능력 있는 사람이 마음껏 자신의 실력을 발휘할 수 있다. 실력을 계속 쌓아서 꾸준히 성장해 나갈 수도 있다. 다른 사람은 생각지도 못했던 일들에 도전하고 주변 사람들은 그 도전을 진심으로 응원해 준다.

능력자는 남들의 의견을 비판 없이 수용하지 않는다. 자신만의 신념이 있다면 논리적인 근거를 통해 어떻게 해서든지 자신의 주장을 관철시킨다.

이러한 세상이 실제로 눈 앞에 펼쳐진다면 더할 나위 없이 좋을 것이다. 하지만 현실은 정반대다. 모난 돌은 어김없이 정을 맞는다. 모난 돌이 정을 맞지 않기란 여간 어려운 일이 아니다. 그 이유는 바로 '질투' 때문이다.

질투는 자신보다 잘난 사람을 밑으로 끌어내리고 싶은 욕망이다. 질투심에 불타오르면 능력 있는 사람을 인정해 주고 칭찬해 주기는커녕 오히려 트집거리를 찾는다. 나 역시 이러한 감정에 휩싸였던 경험이 있다.

예전에 하버드 비즈니스 스쿨의 동기였던 인도계 미국인 친구의 성공을 시기한 적이 있다. 그가 우리나라를 방문해서 오랜만에 재회했을 때의 일이다.

3년 만에 만난 그는 많이 변해 있었다. 창업에 성공해서 개인 투자가로서 수억 원 단위의 벤처 투자를 하고 있다고 했다. 3년 전 그가 우리나라에 찾아왔을 때는 막 창업을 시작했을 무렵이었다.

나는 그의 전자 상거래 비즈니스에 관한 이야기에 잔뜩 흥이 올라 비즈니스 파트너를 찾고 있다는 말에 조언까지 해주었다. 이후 3년이라는 시간이 지난 뒤 만난 그는 어쩐지 조금 거만해 보였다. 태도에 자신감이 흘러넘쳐서인지 거부감마저 들었다. 하지만 곰곰이 생각해 보니 단기간에 큰 성공을 이뤄 낸 그와 나 자신을 비교하면서 그를 질투한 것뿐이었다.

그와 헤어진 후 나의 부정적인 감정이 질투에서 비롯됐음을 깨닫고 내가 얼마나 그릇이 작은 사람인지를 실감하자 부끄러움이 밀려왔다. 지금도 기억에 선명히 남아 있다.

인간으로 태어난 이상 나보다 잘난 사람을 질투하지 않기란 어렵다. 하지만 질투라는 감정을 상대방에게 들키지 않도록 감출 수는 있다.

하버드 비즈니스 스쿨에서 만난 클래스메이트들은 질투심을 현명하게 통제할 줄 알았다. 그들은 모난 돌에게 망치질을 하기보다는 서로를 칭찬하고 지지하면서 시기하거나 질투하는 마음은 절대 내비치지 않았다.

하버드 비즈니스 스쿨의 클래스메이트들은 모두 유능한 사람인 데다 경쟁심도 강한 편이다. 그래서 쉽게 서로를 질투하고 기회만 있으면 상대를 깎아내릴 것이라고 상상했다.

그런데 막상 입학하고 보니 예상과는 영 딴판이었다. 학생들은 마치 질투라는 감정이 무엇인지조차 모른다는 듯이 행동했다. 속마음을 조금도 티 내지 않았다.

하버드 비즈니스 스쿨에는 유능한 학생뿐 아니라 명문 집안의 학생도 많이 다녔다. 우리 상식으로는 상상조차 할 수 없는 어마어마하게 부유한 가정에서 태어난 이도 있었고, 왕족 출신도 있었다. 주변에 이런 사람들이 있다 보니 질투하기 시작하면 끝이 없다고 생각했는지도 모르겠다.

한번은 단지 운이 좋아서 결과가 잘 나왔던 친구에게 클래스메이트들이 진심 어린 칭찬을 해준 적이 있었다. 나는 옆에서 그 모습을 보고 정말 놀라지 않을 수 없었다.

마이크로 소프트 사Microsoft Corporation의 공동 창업자 빌 게이츠Bill Gates가 하버드 대학교 졸업식에서 연설했을 때의 일이다. 오랜 기간 동안 세계 부호 순위 1위를 지켜왔던 게이츠는 개인 자산의 대부분을 빌 & 멜린다 게이츠 재단^{Bill & Melinda Gates Foundation}에 기부하고 활발한 자선 활동을 펼쳤다. 게이츠는 연설에서 세계의 불평등을 해소하기 위해 노력하는 재단의 활동 내역을 소개하고 하버드 대학교 관계자들의 참여를 유도했다.

당시 나는 게이츠의 연설에 그리 큰 감동을 받지 못했다. 성공한 사람이 자선활동에 집중하는 것은 미국 사회에서 흔한 일이었기 때문이었다.

개인 자산 대부분을 재단에 기부했다고는 하지만 여전히 그는 부유한 생활을 하고 있었다. 기존 생활을 유지할 수 있을 만큼의 자산은 남겨 두었기 때문이다. 자신은 전과 다름없는 부유한 생활을 유지하면서 빈부의 격차를 좁혀야 한다고 말하는 모습이 어쩐지 불평등의 상징처럼 느껴졌다. 게이츠의 발언은 의미가 절반 정도 퇴색되어 있다고 생각했다.

그런데 게이츠의 연설에 대한 청중들의 반응은 뜨거웠다. 하버드 대학교의 교수진, 학생, 보호자, 졸업생은 그의 리더십과 자선활동을 진심으로 지지하고 박수갈채로 응원했다. 게이츠의 활동을 인정하기보다는 질투심이 앞서는 바람에 연설을 있는 그대로 듣지 못했던 나와는 대조적인 모습이었다.

경쟁은 계속되기 때문에

골드만 삭스와 맥킨지의 직원들도 질투심을 내비치는 경우는 거의 없었다. 그들은 공정한 경쟁 환경을 원했기 때문에 골드만 삭스나 맥킨지의 엄격한 평가 제도를 충분히 이해한 다음 회사에 들어온 사람들이었다. 때문에 자신을 제치고 먼저 승진하는 사람을 비판하는 경우는 드물었다. 엄격한 근무 환경과 평가 제도 속에서 뛰어난 능력을 발휘하는 동료들을 오히려 긍정적으로 받아들였다.

물론 그들 중에서도 일이 잘 풀리지 않아서 초조해하고 속상해 하는 이들도 있었다. 하지만 동료들과 함께 열심히 일에 매진하면서 질투심 자체를 회피해 버렸다. 때로는 일에 대한 동기부여를 얻기 위해 질투심을 활용하기도 했다.

다른 사람이 앞서 나갈 때 질투심이 생기는 것은 경쟁에 끝이 있다 생각하기 때문이다. 하지만 경쟁에는 끝이 없다. 그러니

중간중간 다른 사람과 나를 비교하는 것은 아무런 의미가 없다. 남을 질투해 봤자 상황은 달라지지 않는다. 이 점을 깨닫는 것이 질투심을 극복하는 첫걸음이다.

나 역시 여러 가지로 미숙한 사람인지라 여전히 누군가를 질투하는 마음이 들 때가 있다. 그런 부정적인 감정에 사로잡힐 때면 일단 생각을 멈춘다. 그리고 지금 내가 할 수 있는 일에 집중하는 편이 훨씬 유익하다며 기분을 바꾸고 마음을 다잡는다.

스스로가 모난 돌 즉, 뛰어난 사람이 되려는 도전 정신을 갖자. 동시에 자신의 능력을 최대로 발휘하기 위해 애쓰는 주위 동료들을 진심으로 응원해 보자.

모난 돌이 정을 맞지 않는 세상이 오려면 우리 한 명 한 명의 마음가짐이 달라져야 한다. 작은 변화가 언젠가는 세상을 변화시킨다.

38

부족한 것은
스스로 구한다

하버드 비즈니스 스쿨의 강의실에는 인종, 국적, 종교가 다양한 학생이 섞여 있다. 국가에 따라 학생들의 성향도 달라지고 개개인의 성격도 다 다르다.

발표하는 방식 하나만 두고 비교해 봐도 학생들의 색깔이 제각각 뚜렷함을 알 수 있다. 개성이 뚜렷한 학생들 속에 있어서일까. 나는 하버드 비즈니스 스쿨의 학생들 속에서 좀처럼 존재감을 발휘하지 못했다. 나 역시 어떻게 하면 좀 더 존재감을 보여 줄까를 매일 고민하며 골머리를 앓곤 했다.

하루는 항상 적극적으로 발언하는 인도 친구와 이야기를 나눌 기회가 생겼다.

"일본의 교육은 대부분 암기식이어서 사람들 앞에서 말해 볼일이 별로 없어."

수업 중에 발언하는 것이 너무 어려워서 투덜거리며 말했더니 친구는 이렇게 대답했다.

"너희 나라 교육 시스템이 그렇구나. 참 힘들었겠다."

친구에게 동정을 받자 머릿속이 띵해졌다. 친구에게 내 나라에 대한 불평을 늘어놓아 봤자 달라질 게 없었다. 일본에 대한 안 좋은 인식만 심어 줄 뿐이었다. 긍정적인 면만 널리 알려도 모자랄 판인데 스스로가 한심했다.

프랑스인 친구와 이야기를 나누다가 부끄러워서 숨고 싶었던 적도 있었다. 나는 그 친구에게 일본의 영어 교육이 지나치게 문법에 편중되어 있다는 점을 한탄하며 회화 실력이 좀처럼 늘지 않아서 속상한 마음을 털어놓았다. 그러자 프랑스인 친구는 이렇게 대답했다.

"프랑스의 영어 교육도 문법 위주야. 그래도 혼자서 열심히 공부해서 이만큼 실력이 올랐는걸."

프랑스인 친구는 부족한 점이 있다면 스스로 해결하면 된다고 긍정적으로 생각했다. 부족한 영어 실력을 나라 탓으로 돌린 내가 진심으로 부끄러웠다.

중국인 친구와는 이런 대화를 나눈 적도 있다. 당시 나는 중국 정부의 정보 조작을 비판하며 친구의 생각을 물었다. 그가 웃으면서 이렇게 대답했다.

"정부가 내놓는 정보는 신빙성이 떨어지지. 늘 의심부터 들어. 당연한 거 아니야?"

그의 말속에서 지금껏 내게는 결여되어 있던 어떤 독립심 같은 것이 느껴졌다.

제도나 환경을 탓하기 전에

일본은 경제적으로 풍요로운 나라다. 대중교통망이 잘 구축되어 있어서 어디에나 쉽고 빠르게 갈 수 있으며 버스나 전철이 정해진 운행 시간을 어기는 경우도 흔치 않다. 교육 시스템도 세계 어느 나라에 뒤지지 않을 만큼 훌륭하다.

그래서일까. 일본 사람들은 지나치게 나라에 기대서 살아간다. 원래 우리 주변의 모든 것들이 이처럼 편리하고 평화로운 상태였다고 착각하는 것만 같다.

전철이 제시간에 오는 것이 당연하며, 학교 교육을 받는 것도 당연한 일로 여긴다. 나라에서 모든 것을 준비해 주리라 굳게 믿으며 만약 부족하거나 불편한 경우가 생기면 덮어놓고 나라 탓부터 한다.

글로벌 인재들의 사고방식은 우리와 전혀 다르다. 그들은 부족한 것이 생기면 스스로 얻기 위해 자신이 할 수 있는 범위 안에서 최선을 다한다. 교육에 있어서도 우리처럼 수동적인 자세가 아니라 능동적인 자세로 적극적으로 참여한다.

일본도 과거에는 공부가 하고 싶다면 교육제도에 기대기보다는 스스로 책을 구하고 스승을 찾아 나서야만 했다. 나라에서 많은 것을 지원해 주는 지금의 교육제도가 정착된 것은 그리 오래되지 않았다.

부족한 점이 있다면 무턱대고 나라 탓만 할 게 아니라 스스로 해결책을 찾아 나서야 한다. 모든 것은 결국 자기 자신에게 달려 있다.

일과 커리어에 진심인 당신,
건투를 빈다

하버드 비즈니스 스쿨에 다닐 때 자주 보이던 광경이 있었다. 학생들이 식사 시간에 아무렇지 않게 음식을 남기는 것이었다. 그럴 때마다 나는 "그렇게 음식을 남기면 아깝잖아." 하고 흥분해서 말하곤 했다.

원래는 나도 음식을 남기는 습관에 대해 그리 엄격한 사람은 아니었다. 하지만 매일 같이 너무나도 태연하게 음식을 남기는 클래스메이트들을 보자니 위화감이 느껴졌다.

내가 음식을 남기지 말라고 지적하면 클래스메이트들은 배가 부른데 억지로 먹을 필요는 없다고 대답했다. 물론 틀린 말은 아니다. 하지만 그 이유만으로 넘어가기에는 너무 많은 양의 음식을 매일 같이 남기기에 나는 되묻지 않을 수 없었다. 대체 왜 음식을 남기느냐고 물으면 클래스메이트들은 다음과 같이 대답했다.

"비싼 음식도 아닌데 뭘. 이 정도는 조금 낭비해도 되지 않아?"

"다른 사람한테 피해를 주는 것도 아니잖아. 내 돈을 내가 쓰는 건데 이건 나의 자유지."

"돈에 구애받지 않아. 내일 밥 사 먹을 돈도 충분해. 그러니 낭비해도 괜찮아."

나는 클래스메이트들이 이렇게 대답할 때마다 왜 내가 음식이 아깝다고 생각하는지 이유를 들어 설명하면서 동시에 일본을 비롯한 동양인의 가치관과 사고방식에 대해서도 이야기해 주었다.

'아깝다'라는 말을 영어로 표현하기란 간단하지 않다. '아깝다'라는 개념을 '낭비하다'라는 표현과 연관 지으면 '돈, 시간, 자원의 낭비'로 설명할 수 있으며 이를 영어로 번역하면 'waste of money, time, and resource'가 된다.

하지만 이것만으로는 '아깝다'라는 단어가 포함하는 진짜 의미가 다 전달되지는 않는다. '아깝다'라는 말은 단순히 낭비하는 행위를 지적하는 말이 아니라 좀 더 심오한 뜻을 품고 있다.

'아깝다'라는 말 뒤에는 낭비하는 행위를 반성하고 물건과 자원을 좀 더 유효하게 활용하면서 최대한의 효용과 성과를 올리기 위해 애쓰겠다는 의지가 숨어 있다. 음식을 비롯한 물건과 자원을 제공해 준 환경과 주위 사람들에 대한 감사의 마음도 들어 있다. 나아가 물건과 자원이 부족할 때를 대비해 두고자 하는 겸허한 자세와 의식까지도 포함된다.

이처럼 '아깝다'라는 말 안에는 실로 다양한 뜻과 의지가 숨겨져 있다. 한 가지 더 덧붙인다면 '아깝다'라는 말 속에는 과도한 사치를 경계하고 간소한 삶과 비물질적인 풍요로움을 우선시하는 가치관까지도 내포되어 있다.

도요타 자동차Toyota Motor의 '저스트 인 타임just in time' 생산 방식은 하버드 비즈니스 스쿨의 수업에서도 다뤄질 만큼 대단히 의미 있는 사례다. '저스트 인 타임' 생산 방식은 필요한 것을 필요한 때에 필요한 만큼만 생산하여, 재고를 줄이고 비용을 최대한 낮추는 전략을 말한다.

도요타 자동차는 '저스트 인 타임' 생산 방식으로 커다란 성과를 올렸다. 도요타의 생산 방식이 탄생할 수 있었던 배경에는 물건과 자원을 아까워하는 가치관이 숨어 있지 않았을까. 자원을 좀 더 유효하게 활용하고자 하는 동양의 가치관 덕분에 도요타 자동차가 세계 최고의 자동차 브랜드로서 성공할 수 있었다고 확신한다.

더 넓은 무대를 위해 노력해야 하는 이유

'왜 글로벌 인재가 되기 위해 어떻게 노력해야 할까'라는 질문을 받은 적 있었다. 누구나 한 번쯤 아래와 같은 의문을 품어 본 적이 분명 있을 것이다.

- 해외에서 살며 더 넓은 세계를 경험해보고 싶지만, 그렇지 않고 국내에서 일하는 것만으로도 충분히 보람을 느낀다
- 굳이 영어 공부를 하지 않아도 회사에서 커뮤니케이

선하는 데 전혀 문제가 없다

- 우리나라는 음식도 맛있고 치안도 좋아서 살기 편하니 굳이 해외에 나갈 필요가 없다

그러나 분명한 것은 세상이 변하고 있다는 것이다.

외국인 여행객의 지속적인 증가, 취업 비자 취득 요건의 완화, 뛰어난 기술을 보유한 외국인 채용 활성화 등 전 세계가 다양성이 넘쳐 나는 세상이 되었다. 이제는 살아온 배경과 문화가 다른 사람들과 함께 교류하며 일할 기회가 많아졌다.

원격 근무제 및 탄력 근무제 도입으로 일하는 장소와 시간도 더 이상 획일적이지 않다. 또 근로자의 성별과 연령도 다양화되고 있다. 한마디로 직장 환경이 점점 다양하게 변하고 있다. 우리는 받아들여야 한다.

이 책에서는 회의 장소에서 자신의 생각을 명확하게 밝히는 능력, 문화와 배경이 모두 다른 팀원들과 같은 목표를 향해 협력하는 자세, 다양한 인간관계 속에서 자신감을 가지고 나를 표현하는 능력, 국가나 회사에 기대지 않고 자기 스스로 자신의 경력을 만들어 가는 강인한 의지 등을 다루고 있다. 이는 꼭 세

계 무대에서 활약하고 싶다는 계획이 있지 않더라도 직장인이라면 누구나 중요하게 살펴봐야 할 항목들이다.

출간 준비를 위해 몇 번이나 원고를 다시 읽으면서 '독립자존獨立自尊'이라는 말을 떠올렸다. 독립자존이란 '어떠한 상황에서도 존엄함을 지키고 무슨 일이든 자신의 판단하에 책임을 지겠다는 각오로 임하는 것'을 의미한다. 이 말은 다양성이 보편화된 요즘 시대의 직장 환경에 딱 들어맞는다. 실제로 내가 운영하는 회사의 외국인 비율이 50퍼센트를 넘어섰다. 세계 속에 필요한 조직과 서비스를 만들기 위해 다양한 동료들과 협력하면서 일하는 매일이 즐겁고 보람차다.

부디 더 많은 비즈니스맨들이 더 넓은 세계로 나아가 일하는 즐거움을 느꼈으면 좋겠다. 그것은 개인의 커리어뿐 아니라 한 인간으로서 성숙해질 기회를 준다. 그리고 그 길에 이 책이 조금이나마 도움이 된다면 더할 나위 없이 기쁠 것이다.

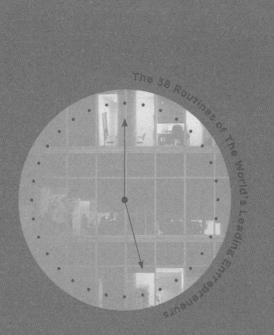

The 38 Routines of The World's Leading Entrepreneurs

옮긴이 **이정미**

성균관대학교 신문방송학과를 졸업했다. 방송국에서 퇴사한 뒤 개구쟁이 아들을 키우며 도서 기획 및 번역을 하고 있다. 제22회 한국번역가협회 신인번역장려상을 수상했으며 현재 바른번역 소속 전문번역가로 활동 중이다. 옮긴 책으로는 《야근은 하기 싫은데 일은 잘하고 싶다》, 《뭐든 잘되는 회사의 회의법》, 《안다고 다 말하지 말고 들었다고 다 믿지 마라》 등이 있다.

세계 최고의 인재들은 어떤 루틴으로 일할까

초판 1쇄 발행 · 2021년 11월 29일

지은이 · 도쓰카 다카마사
옮긴이 · 이정미
발행인 · 이종원
발행처 · (주)도서출판 길벗
브랜드 · 더퀘스트
주소 · 서울시 마포구 월드컵로 10길 56 (서교동)
대표전화 · 02) 332−0931 | **팩스** · 02) 322−0586
출판사 등록일 · 1990년 12월 24일
홈페이지 · www.gilbut.co.kr | **이메일** · gilbut@gilbut.co.kr

책임편집 · 송은경(eun3850@gilbut.co.kr), 김세원, 유예진, 오수영 | **제작** · 이준호, 손일순, 이진혁
영업마케팅 · 정경원, 최명주, 김도현 | **웹마케팅** · 김진영, 장세진 | **영업관리** · 김명자
| **독자지원** · 송혜란, 윤정아

디자인 · 김효정 | **교정교열** · 권은정 | **CTP 출력 및 인쇄** · 금강인쇄 | **제본** · 금강제본

ISBN 979−11−6521−756−3 03320
(길벗 도서번호 090158)

정가 : 15,000원